톰 라이트 죽음 이후를 말하다

IVP(InterVarsity Press)는
캠퍼스와 세상 속의 하나님 나라 운동을 지향하는
IVF(InterVarsity Christian Fellowship)의 출판부로서
생각하는 그리스도인을 위한 문서 운동을 실천합니다.

ⓒ 2003 by Nicholas Thomas Wright
Originally published in English under the title
For all the Saints?
by The Society for Promoting Christian Knowledge
36 Causton Street, London SW1P 4ST, England

All rights reserved.

This Korean Edition Copyright ⓒ 2013
by Korea InterVarsity Press, Seoul, Republic of Korea
This Korean edition is translated and used by arrangement
of the Society for Promoting Christian Knowledge
through rMaeng2, Seoul, Republic of Korea

이 한국어판의 저작권은 알맹2 에이전시를 통하여 SPCK와 독점 계약한
IVP에 있습니다. 신 저작권법에 의하여 한국 내에서 보호받는 저작물이므로
무단 전재와 무단 복제를 금합니다.

톰 라이트 죽음 이후를 말하다
성도의 죽음과 천국에 대한 뿌리 깊은 오해들

톰 라이트 | 박규태 옮김

웨스트민스터 성당에서 함께했던 동역자들에게

수고에서 벗어나 쉼을 얻은 모든 성도,
믿음을 세상에 고백했으니,
오 예수여, 이름 영원 무궁하소서.
알렐루야!

주님은 그들의 반석이요 요새, 능력이시니,
저 용사들의 대장이시며,
황량한 어둠 속 유일한 참 빛이시라.
알렐루야!

오 신실하고 참되고 용감한 주의 군사들이
거룩히 싸웠던 성도들처럼 싸워
그들과 더불어 승자의 금관을 얻게 하소서.
알렐루야!

오 복된 교제, 신성한 사귐이 있도다!
우리는 힘써 싸우고, 그들은 영광 중 빛나나,
주 안에서 하나임은 모두 주의 소유임이라.
알렐루야!

싸움은 치열하고 전쟁은 길지만,
멀리서 승리의 노래가 귀에 들려오니,
마음은 새로이 용기를 얻고 팔은 강건해지네.
알렐루야!

서쪽에서 황금빛 저녁이 밝게 빛나니,
곧, 곧 신실한 군사들에게 쉼이 오리라.
복된 자들아, 낙원의 고요가 달콤하구나.
알렐루야!

그러나 보라! 더 영광스러운 날이 밝아 온다.
승리한 성도들이 환히 줄지어 일어나니,
영광의 왕이 당신의 길을 지나가시네.
알렐루야!

땅의 너른 끝에서, 멀고 먼 바다 끝에서
셀 수 없는 무리가 진주 문을 지나며
성부와 성자와 성령을 찬미하네.
알렐루야!

월섬 하우(W. Walsham How, 1823-1897)

일러두기

1. 절기 이름은 교파에 따라 여러 가지로 번역하고 있는데 이 책에서는 다음과 같이 번역하였다.
   - 만령절[All Souls' Day, 위령의 날(가톨릭), 모든 별세자의 날(성공회)]
   - 만성절[All Saints' Day, 모든 성인의 날 (가톨릭, 성공회)]
   - 공현절[Epiphany, 주님 공현 대축일(가톨릭, 성공회), 주현절(개신교)]
   - 왕국절(the Kingdom Season)
   - 왕이신 그리스도 축일[Feast of Christ the King, 그리스도 왕 대축일(가톨릭)]
2. 원문의 saint는 가톨릭 용어를 따라 '성인'(聖人)으로 번역하는 편이 나은 경우도 있으나 저자가 이 책에서 주장하는 요지를 고려하여 대부분 '성도'로 번역했다.

차례

서론 11

1장 성도, 영혼 그리고 죄인: 중세의 견해와 이후의 발전 17
2장 전통을 다시 생각함 41
3장 모든 성도, 모든 영혼 그리고 모든 것 77
4장 왕이신 그리스도와 '왕국절' 89
5장 결론 111

주 121

서론

"제가 알고 싶은 건 이거예요. 그이는 지금 어디 있나요?"

누구라도 그랬겠지만, 그 젊은 여인도 미칠 듯 괴로워했다. 몇 주 전 상례식을 치렀다. 그녀는 그 비통한 과정을 처음에는 담담히 이겨 냈다. 그러나 남편이 정말 어딘가에 있다면 그곳이 어디인지 조금이라도 알고 싶은 열망이 마음을 괴롭혔다.

교회는 그녀에게 혼란스러운 메시지를 주는 것 같았다. 그녀는 우리가 사랑하는 이들, "우리보다 앞서 가는" 이들, "빛을 향한 여정을 이어 가는" 이들을 두고 올리는 기도에 귀를 기울였다. 그런데 대체 그 빛은 무엇을 의미하는 것일까? 그가 그 빛을 향해 가고 있다면, 그는 행복할까? 그 빛이 무엇이든, 그가 그 빛에 이르려면 얼마나 오랜 시간이 걸릴까? 그녀는 만령절(萬靈節, All Souls' Day) 예배에 갔다. 한 친구가 도움이 될 거라고 권면했기 때문이다. 그러나 그 모든 것이 지닌 음울함, 제단 앞에 드리운 검은 휘장, 엄숙한 느낌이 온갖 시름을 불러일으켰다. 교회는 그녀에게 남편은 연옥에 있을 것이라고 말하려는 것일까? 이 시대에도 사람들이 그런 것을 믿을까? 알 수 없었다.

그녀가 나를 만나러 왔을 때는, 내가 일터를 바꾸고 내 삶에 새로운 전례 틀을 적용하면서 막 그런 문제들과 씨름하기 시작했을 무렵이었다. 아울러 성공회에서 이런 주제들에 대해 무언가 말하려 한 보고서 「구원의 신비」(*The Mystery of Salvation*)[1]를 작성할 당시, 나는 영국 성공회 교리 위원회에 참여하고 있었다. 그 뒤로 나는 세상을 떠난 그리스도인들에 대해 우리가 교회 안에서 말하려 하는 것과 우리가 듣는 것을 두루 생각해 보았다. 이와 관련하여, 신앙을 분명하게 밝히지 않은 채, 그리스도를 향한 헌신을 드러내지 않은 채 죽은 이들은 어찌 되는가 하는 문제도 중요하기는 하나, 지금 다루는 문제와는 별개다. 이 책에서는 이 문제를 간략하게만 살펴보겠다. 또한 당시 나는 큰 학술서를 집필하고 있었다. 그 결과물로 얼마 전 나온 것이 「하나님의 아들의 부활」(*The Resurrection of the Son of God*, 크리스챤다이제스트 역간)이다. 그 작업 덕에 나는 초기 그리스도인들이 세상을 떠난 이들과 관련하여 무엇을 믿었는가 하는 문제를 상당히 상세하게 살펴보아야 했다. 이 작은 책은 훨씬 더 상세한 연구서에 붙인 각주 같은 것으로서, 엄밀히 말해 한 특정 전통(영국 성공회 전통)에서 유래한 문제들을 다뤄 보려고 쓴 것이다. 그러나 성공회와 비슷한 문제가 드러나고 성공회와 비슷한 전례 관행을 공유하는 다른 전통에도 도움이 되기를 바라며 이 문제들을 다루었다. 나는 지난 몇 해 동안 영국 성공회 주류의 관점에서 이 주제를 다뤄 왔다. 그리하여 초기 그리스도인들이 죽음 이후의 삶에 대해 믿은 것—또한 '죽음 이후의 삶' **이후** 새로운 몸을 입고 이어가는 삶인 부활에 대해 믿은 것—과 오늘날 이 주제를 두고 많은 보통 그리스도인이 믿는 것으로 보이는 것 사이에 불일치가 있음을 점점 더 뚜렷이 알게 되었다. 나 자신이 속한 전통과 다른 몇몇 전통을 보면, 당대의 신앙 유형은 전례와 예배에 상당한 영향을 미쳤다. 또 나는 우리가 지금 교회 안에서 행하고 말하는 것이 성경이나 초기 기독교 전통이 정당하다고 인정할 만한 것과 점점 더 조화를 이루지 못한다는 결론에 이르렀다.

이 문제가 전면에 떠오르게 된 것은 10월과 11월에 교회에서 이루어지는 이상한 일들 때문이다. 나도 그런 적이 있기는 하지만, 지금 나는 깜빡하고 시계를 뒤로 돌려놓지 않은 바람에 교회에 한 시간 먼저 도착하는 그런 경우를 말하는 것이 아니다(서머타임 후에 벌어지는 사례를 말한 것이다—역주). 나 역시 그런 곳들을 알지만, 지금 나는 날씨가 추워진 지 석 주가 다 되도록 난방을 하지 않는 교회에 대해 말하는 것이 아니다. 결코 그런 것이 아니다. 지금 나는 많은 교회가 11월 1일 '만성절'(萬聖節, All Saints' Day)에 뒤이어 11월 2일 만령절을 기념하는 오랜 주제를 가지고 이제까지 없었던 변형을 발전시킨 일을 언급하는 것이다. 이런 변형은 교회가 지금 누구에 대해 이야기하는지와 관련하여, 그리고 이 사람들에 대해 할 수 있는 적절한 말이 무엇인지와 관련하여 그들이 가진 아주 독특한 이해를 그대로 보여 준다.

이에 더하여 근래 나타난 교회 관행 하나가 대림절(Advent) 직전 주일들을 묶어 '왕국절'(the Kingdom Season)이라는 것을 고안해 낸 것이다. 이 절기는 대림절 전 마지막 주일에 절정에 이르는데, 로마가톨릭교회와 성공회 일부에서는 이제 이를 '왕이신 그리스도 축일'로 공식 지정했다. 이런 새 제도는 교회가 은연중에 지켜 온 믿음을 일그러뜨리고 있다.

새 제도가 무엇이든 적절하기만 하다면 나는 반대하지 않는다. 나는 모든 것이 영원히 그대로 유지될 수도 없고 그래서도 안 된다고 생각한다. 그렇다고 이것이 '가톨릭' 신학이나 영성이 잠식해 들어오는 것에 맞서는 '개신교'의 논박도 아니다. 물론 내가 우려하는 몇 가지는 개신교가 예로부터 품어 온 몇 가지 우려와 우연히 겹친다. 나는 내가 속한 성공회 내부의 해묵은 분파들, 그리고 그 분파들이 구현한 신학적 입장이 대부분 진부하다고 본다. 내 관심사는 분명하고 일관되게 생각하기(전통적인 '자유주의'가 표방한 강령), 성경적으로 생각하기(전통적인 '복음주의'가 표방한 강령), 기독교권의 위대한 전통과 대화하며 생각하기('가톨릭'이 표방하는 강령)다. 내가 두려워하는 것은, 우리가 말 그대로 혼란과 난장판 속에 빠진 채, 그래도 뭔가 의미가 있겠지 하는 희망을 품고 여러 전통과 사상과 관행을 조각조각 모아 결합하는 것이다. 그러나 이런 것들은 아무런 의미가 없다. 성공회가 독특하게 만들어 낸 것이 유쾌한 것이나 곱씹을 거리가 될 때도 있겠지만, 이것은 그런 경우가 아니다. 지금은 분명하게 생각하고 말하며 단호하게 행동할 때다.

다른 많은 그리스도인처럼 성공회 신자들도 우리가 부르는 찬송들을 통해 우리가 주장하는 신학을 많이 배운다. 그런 이유로 나는 몇몇 찬송을 꼼꼼히 살펴보았다. 나는 이 책 제목을 위대한 찬송이요 이 서론 바로 앞에 실어 놓은 윌셤 하우의 "모든 성도 위하여"(For All the Saints: 원서의 제목임-역주)에서 따 왔다. 이 찬송 내용 중 일부도 이 책에 실을 것이다.

물론 이런 작은 책에 아주 많은 것을 담을 수는 없다. 좀더 긴 내 저작들(특히 이미 언급한 「하나님의 아들의 부활」)이 그런 틈을 일부 메워 줄 것이다. 나는 그리스도인의 소망을 더 깊이 있게 다루되 중간 정도 수준으로 관련 분야를 망라하여 다룰 책을 준비하고 있다.[2] 더 많은 정보를 얻으려면, 「옥스퍼드 교회 사전」[3]과 「옥스퍼드 기독교 사상 해설」[4] 같은 참고 도서에서 관련 항목을 찾아 보면 도움이 될 것이다.

이 작은 책은 내가 웨스트민스터 대성당에서 참사회 신학자로 지내는 동안 한 강연과 설교에서 비롯된 것이다. 웨스트민스터에서 하던 일을 정리하고 북쪽으로 이사하려고 준비하던 날, 이 책 마지막 편집을 마쳤다. 웨스트민스터에서 나와 함께했던 성직자와 평신도들에게, 특히 그들이 내 연구와 저술을 도와준 것을 생각하며, 사랑과 감사의 표시로 이 책을 헌정한다.

톰 라이트
2003년 성 베드로 주일에

1장

성도, 영혼 그리고 죄인:
중세의 견해와 이후의 발전

거의 500년 전까지 유럽 사람들은 교회가 세 가지 모습을 지녔다고 배웠다. 즉 승리한 교회, 대망(待望)하는 교회, 싸우는 교회다. 종교 개혁으로 기독교권 많은 지역에서 그 모든 것이 달라졌지만, 지금도 로마가톨릭에서는 이 세 모습이 표준이다. 셋째 모습('싸우는 교회', 곧 현세에 살고 있는 그리스도인들)은 지금 다루지 않고 한쪽으로 밀어놓아야 할 것 같다. 그러면 다른 두 모습은 어떤가? 우리는 세상을 떠난 그리스도인에 대해 무엇을 말할 수 있으며, 무엇을 말해야 하는가?

승리한 교회

"승리한 모든 성도여, 소리 높여 노래하라!" 중세의 전통적 견해에 따르면, '승리한' 성도들은 최후에 승리를 거둔 사람들이다. 이것이 묘사하는 것을 보면, 하늘의 중심 바로 그곳에 이르러 이미 '지복직관'(beatific vision)을 누리는, 살아 계신 하나님을 순수하고 지극히 기쁘게 찬미하는 어떤 사람들, 어떤 거룩한 영혼들이 있다. 로마가톨릭 공식 교의에서는 이런 영혼들도 아직은 마지막에 있을 부활을 기다린다. 하지만 교회가 '성도'와 관련하여 대중에게 내놓은 대다수 공식 설명에서는 그런 측면이 거의 눈에 띄지 않는다. (실제로 이따금 '부활'을 '천국에 감'과 같은 뜻으로 사용하기도 했는데, 이는 오해를 불러일으킬 소지가 충분하다.) 대다수 중세 그리스도인은 사람이 죽음 이후에 이를 종착점이 두 곳이라고 보았다. 천국 아니면 지옥이다. 몸으로 부활하리라는 말은 천국과 어울리지 않는 것으로 여겼다. 사람들은 '천국'을 하나님이 주권자로서 통치하시는 '나라'요, 의로운 자, 복된 자, 구원받은 자, 성도들이 이미 하나님과 더불어 영광을 누리는 '나라'라고 생각했다. 그들은 그곳을 더 이상 바랄 것이 없는 곳이라고 보았다. 부활이 여전히 미래의 일이라는 관념은 '죽으면 천국에 간다'는 생각에 어긋나는 것이기에 크게 주목을 끌지 못했다. 이 점은 뒤에서 다시 다루겠다.

영광 가운데 있는 성도들은 직통로와 우회로라는 두 길 가운데 하나를 거쳐 그곳에 이르렀다. 일부는 현세의 삶이 매우 거룩하여 죽음 이후 곧바로 궁극의 희열로 나아갔다. 일부는, 특히 그 가운데 한 사람인 마리아는 죄 없이 완전하여 예수님처럼 몸으로 들려 올림을 받아 천국으로 갔다고 믿었다. 하지만 마리아는 예수님과 달리 (그러나 창세기 5:24의 에녹과 열왕기하 2:1-18의 엘리야와 마찬가지로) 죽음을 거칠 필요가 없었다. 다른 큰 '성도'—베드로, 바울을 포함한 다른 사람들, 그리고 현세에 사는 동안 어느 정도 완전한 거룩함에 이른 것으로 믿어지는 사람—들은 세상을 떠나자마자 천국으로 직행했다. 그것이 직행로다.

그렇지만 지금 천국에 있는 많은 성도는, 우리가 이제 살펴볼 대망하는 교회 안에서 길든 짧든 일정 기간을 보낸 다음 천국에 이르렀다. 따라서 세상을 떠난 두 부류의 그리스도인 사이에는 분명한 구별이 있었다.

이 틀에 따르면, 지금 천국에 거하며 하나님과 아주 가까이 있는 성도들은 여전히 이 땅에 있는 이들을 위해 하나님께 직접 기도할 수 있다. 이를 생각하면 마음속에 중세 왕궁의 이미지가 떠오른다. 내가 사는 마을이 런던에서 150킬로미터 떨어져 있다고 가정해 보자. 어떻게 하면 왕의 관심을 끌 수 있을까? 그래, 우리 아버지의 오랜 친구이자 우리 마을 출신인 한 분이 왕궁의 제빵 책임자다. 그러면 나를 생각하여 말 한 마디 넣어 줄 것이다. 이렇게 보면, 나도 '왕궁에 친구 하나' 있는 셈이다. 마찬가지로 옛 사람들은 그러한 성도들이 우리보다 훨씬 더 하나님께 가까이 있다고 생각했다. 그 성도들은 우리 동료요 우리와 같은 인간이기에, 우리에게 공감할 수 있고 우리가 맞닥뜨린 문제를 알며 그 문제를 보좌 앞에 내놓을 수 있을 것이다. 이 때문에 우리는 그들에게 요청하여(보통 '간청하다'라는 말을 쓴다) 우리를 위해 기도해 달라고 하며, 때로는 직접 우리를 위해 무슨 일을 해 달라고 간구할 수도 있고 또 그렇게 해야 한다. 성도들을 믿는 믿음과, 그들이 우리에게 다가올 수 있으며 우리를 위해 유익을 베풀 수 있다는 믿음에는 이런 측면이 있다. 이는 과거나 현재나 일부 그리스도인들에게 가장 인기 있는 경건의 특징 중 하나지만, 또 다른 사람들에게는 가장 믿을 수 없는 점이다.

일찍이 4세기부터 사람들은 승리한 성도들에게 고유한 축일을 부여하여 기렸다. '만성절'은 본디 오순절 다음 주일에 지켰다. 동방 정교회에 속한 곳에서는 지금도 그렇게 한다. 서방 교회는 8세기에 만성절을 11월 1일로 옮겼고, 9세기에는 이런 변화를 공식화하고 보편 규범으로 지켰다. 적어도 중세부터 18세기에 이르기까지 그 이전부터 존재했던 온갖 이교 관습과 미신들이 이런 축일을 에워쌌다. 근래 들어 우리는 특히 미국에서 할로윈(All Hallows Eve, 즉 '만성절' 전야) 의식과 함께 이런 관습과 미신이 되살아나는 것을 보았다. 민속적으로 흥미로운 사건은, 교회가 할로윈 이틀 뒤인 '만령절'을 다시 지키기 시작한 바로 그 즈음 할로윈이 중대한 행사로 떠올랐다는 것이다. 이것이 이 세상에서 일어나는 일인지 아니면 다른 어느 곳에서 일어나는 일인지를 두고 대중의 마음에 이는 혼란은 그저 짐작할 수 있을 뿐이다.

대망하는 교회

(1) 전통적 연옥 교리 – 그리고 근래의 교리 개정

전통적인 로마가톨릭 신학에 따르면 대부분의 사람이 세상을 떠난 뒤 곧바로 천국으로 가지 않았으며 지금도 그렇다. 물론 많은 이들이 곧바로 지옥으로 간다. 전통 교리 체계에서는 세례를 받지 않고 믿지도 않은 사람들, 혹은 '죽을 죄'를 지은 사람들은 '대망하는 교회'의 구성원이 되지 못하고 곧바로 영원한 고통으로 건너간다. 그러나 세례를 받고 믿는 사람들, 그러므로 결국 천국의 지극한 복락에 (그 이상을 넘어 부활에, 앞서 내가 말한 대로 이는 보통 강조하지 않는다) 이를 사람들은 대부분 그들을 기다리는 희열에 적합해질 때까지 일정한 준비 기간을 거쳐야 한다. 여기서도 다시금 중세 왕궁의 이미지가 중요하다. 이 그리스도인들은 누더기와 진흙투성이 신발 차림으로 그 나라에서 나왔다. 이제 왕이 계신 곳으로 들어가려면, 그들은 입고 있던 옷과 신발을 깨끗이 빨아 갈아입어야 한다. 이 깨끗한 세탁이 문제의 연옥이다.

연옥은 순전히 로마가톨릭 교리다. 동방정교회는 연옥을 주장하지 않으며, 종교개혁 때 개신교 신자들은 연옥을 단호히 거부했다. 성경이 연옥을 지지한다고 주장하는 이들도 일부 있다 그러나 연옥을 지지하는 주요 이유는 과거나 지금이나 신학상의 이유요, 사실 전례상의 이유다. (이전 시대에도 오늘날처럼 전례 관습을 교회의 믿음을 조정하는 지레로 삼았다는 것이 흥미롭다.)

6세기에 그레고리우스 대제는 교회 예배에서 죽은 자들을 위하여 기도하는 이유를 설명하기 위해 일종의 연옥을 강설했다. 일부 사람들은 이것을 이전 사람들이 가졌던 믿음, 곧 순교자는 천국으로 직행하나 보통 그리스도인은 더 정결해질 때까지 기다려야 한다는 믿음에 근거하여 내놓은 설명으로 보았다. 하지만 이런 믿음은 상세히 예증하기가 어렵다. 그레고리우스가 제시한 공식 설명은, 예수님이 마태복음 12:32에서 현 시대와 오는 시대에 죄를 용서받는다고(혹은 용서받지 못한다고) 말씀하셨다는 것이다. 이는 예수님이 이생에서 용서받지 못한 죄를 다룰 미래를 염두에 두셨다는 것을 암시하는데, 그레고리우스도 그렇게 주장했다.

그러나 완성된 연옥 교리의 주된 내용은 훨씬 뒤에 나온다. 13세기에 토마스 아퀴나스는 이 교리를 학문으로 풀어 냈다. 리옹 공의회(1274년)는 처음으로 연옥 교리를 로마가톨릭의 공식 가르침으로 삼았다. 2세기 뒤(1494년) 제노아의 카타리나(Caterina of Genoa)는 이 주제를 가지고 강력하고 영향력 있는 논문을 썼다.

하지만 연옥 신앙이 중세 후기 유럽의 정신적·영적 세계에서 중요한 부분을 차지하게 된 것은 어쩌면 14세기 초 이탈리아의 위대한 시인 단테(Alighieri Dante) 때문이 아닌가 싶다. 연옥 교리는 14세기와 15세기에 대중 가운데 급속히 퍼졌다. 16세기가 막을 열 무렵(즉 종교개혁 직전) 연옥 신앙은 많은 서방 교회에서 경건과 신앙의 중심이 되었다. 연옥을 이해하고, 연옥을 가르치고, 특히 현세의 삶을 연옥과 관련하여 꾸려 가는 데 교회는 엄청난 에너지를 쏟아 부었다.

중세 연옥 교리는 다음과 같이 요약할 수 있다. 죽음에 이른 대다수 그리스도인은 분명 어느 정도 죄가 있다. 따라서 그들에게는 두 가지가 필요하다. 더 정결해지는 것과 더 벌을 받는 것이다. 그들은 리옹공의회가 "지은 죄에 따른 완전한 보속(補贖)"이라 부른 것을 완전히 이행해야 한다. 실제로 진정한 그리스도인이라면, 세상을 떠난 뒤에 하나님을 대면하여 뵙는 지복직관의 완전한 기쁨을 누리기를 바랄 것이다. 그러나 그들은 자신이 그런 기쁨을 누리기에는 적합하지 않다는 것을 본능적으로 안다. 따라서 그들은 길든 짧든 고통을 겪는 기간을 거쳐야 한다. 벌이라는 요소가 중심 특징이 되는 기간이다. 그러나 그들은 이 벌을 기꺼이 받아들인다. 이 벌이 지극한 복락으로 인도할 줄을 알기 때문이다. 더욱 중요한 것은 여전히 이 땅에서 죽음을 맞이할 수밖에 없는 인생을 살아가는 사람들이 그들을 위해 올리는 기도로, 특히 미사로 그들이 그 기간을 좀더 빨리 지나도록 도와줄 수 있다는 것이다.

연옥에 있는 이들을 생각하며 올리는 미사와 기도는 중세 경건에서 주요한 특징이 되었다. 이 관습은 남용될 가능성이 매우 컸다. '면죄부'가 판매되면서―면죄부 판매는 교회 당국이 공식적으로 시행한 일이었다. 연옥에 있는 사람을 위해 친구나 친척이 돈을 내고 면죄부를 사면 교회는 그들을 연옥에서 벗어나게 해주었다―마르틴 루터의 개혁 열정은 그것에 초점을 맞추었다. 다만 한 가지, 당시는 물론이요 그 뒤에도 많은 로마가톨릭 신자들이, 이렇게 나중에 만든 관습들은 아무 정당한 근거도 없으며 끔찍한 남용에 불과하다는 데 의견을 같이했다는 점을 덧붙여 두는 것이 공정하겠다.

중세 후기에 연옥 교리가 활짝 꽃피었다면, 19세기 말에는 연옥을 다룬 가장 영향력 있는 설명 하나가 등장했다. 적어도 영어권에서는 그랬다. 1865년, 존 헨리 뉴먼(John Henry Newman)은 「제론티우스의 꿈」(The Dream of Gerontius)이라는 시를 출간했다. 이 시는 죽음이 임박한 제론티우스라는 노인의 이야기를 들려준다. 그의 친구들이 그가 누운 침상 주위에서 그를 위해 기도한다. 숨을 거둔 후 그는 천사의 보호 아래 놓이고, 천사는 이제 일어날 일을 설명해 준다. 천사는 제론티우스를 인도하여 그를 심판하실 재판장인 그리스도를 잠시 뵙게 한다. 그것은 제론티우스가 아직도 기나긴 정화 과정을 거쳐야 함을 일러 주는 것이었다. 그 후 천사는 제론티우스를 연옥으로 데려간다.

에드워드 엘가(Edward Elgar)가 이 시를 찬란한 음악으로 옮겨 놓지 않았다면, 이 시가 미친 영향은 훨씬 미미했을 것이다. 엘가는 이 곡이 "지극히 깊은 내면에서"(from my insidest inside) 나왔다고 표현했다. 나는 처음 그것을 알았을 때만 해도 솔직히 강한 끌림과 불쾌감을 동시에 느꼈다. (내가 소싯적에는 불쾌하게 느꼈지만 이제는 좋아하는 것들이 많다는 것을 서둘러 덧붙인다. 비단 몰트 위스키만이 아니다.) 그러나 나는 이제 그것이 강하게 끌리면서도 또한 심히 비참함을 깨닫는다. 뒤이어 분명하게 밝힐 이유들 때문이다. 당대 가장 뛰어난 지성인에 들었던 뉴먼은 중세 연옥 교리의 후기 빅토리아판을 설파했고, 엘가는 여기에 곡을 붙였다. 제론티우스가 세상을 떠난 뒤, 천사는 그에게 이렇게 설명한다.

> 그대는 그대 자신을 미워하고 역겨워하리라.
> 지금은 죄 없으나, 그대가 죄를 지었음을 느낄 테니.
> 전에는 그것을 느낀 적이 없었노라.
> 이제 그분 눈을 피해 도망쳐 숨으려 하리라.
> 그분을 뵐 생각을 하면 자신이 부끄러워지리라.
> 그것이 바로 그대의 가장 처절한 연옥이 되리라.

이 글은 온통 모순덩어리다. 이 영혼은 지금 정말로 죄가 없는가? 죄가 없다면, 연옥에서 더 정결해져야 할 이유가 있는가? 이 시는 이런 내용을 다루면서 (빅토리아 시대가 으레 그러했듯이) '느낌'에 호소한다(지금은 죄 없으나, 그대가 죄를 지었음을 느낄 테니). 하지만 이런 느낌이 참이 아니라면 이런 느낌을 믿어야 할 이유가 뭔지 질문해 볼 수 있지 않을까? 하나님이 사람으로 하여금 계속하여 자신을 속이고 스스로 역겨워하게 하셔야 할 이유가 있을까? 그러나 뉴먼은 물러서지 않고 결국 제론티우스의 영혼을 재판장 앞으로 데려간다. 그 영혼은 그리스도의 발 앞에 이르기를 간절히 바란다. 그러나 구경꾼인 우리는 예수님을 감싼 '날카로운 신성함'이 다음과 같이 행하시는 것과 그 영혼이 다음과 같이 하는 것을 본다.

    영혼을 붙잡고,
    영혼을 불사르고, 영혼을 오그라뜨리는 것을,
    그리고 이제는 그 영혼이 아무 저항도 못 하고 잠잠히
    그 두려운 보좌 앞에 엎드려 있는 것을.

엘가가 묘사한 대목에서는 이것이 작품 전체의 절정이요, 강렬한 드라마와 흥분을 표현한 순간이다. 그리고 그 영혼이 평생 갈망했을 바로 그 순간 토해 낸 첫 마디는 끔찍한 절규다(이 대목을 들은 사람이라면 그렇게 생각했을 것이다).

    나를 데려가 주십시오. 저 깊고 깊은 심연으로.
    거기에 나를 놓아 주십시오.
    거기 고독한 야경꾼들이 지키는 소망 속에,
    나를 생각하는 음성이 들리는 그곳에….
    거기서 나는 내게 없는 주님과 사랑을 노래하리니.
    나를 데려가 주십시오.

그러자 천사는 영혼을 연옥 천사들에게 넘겨준다. 연옥 천사들은 그들이 지키는 "황금 감옥" 문을 열어 그를 받아들인다. 이제 그 영혼은 "형벌의 물" 속으로 들어가, 그 넘치는 물을 "급히 통과"하여, "어두운 심연 속으로 깊이, 더 깊이 가라앉는다." 이 상태에서,

> 땅에서는 미사를 올리고, 하늘에서는 기도하니,
> 그대가 지극히 높으신 분의 보좌에 이르도록 도와주리라.

독자들이 이 내용을 읽으며 내가 이 모두에서 발견한 것이 장엄한 음악과 인간적인 고상함과 참을 수 없는 신학이라고 추론한다면, 제대로 본 것이다. 그러나 내용으로 되돌아가 보겠다. 첫째, 나는 뉴먼이 이 시를 쓴 19세기 이후 로마가톨릭교회의 가르침에 대단히 과감한 수정이 가해졌음을 언급하고 싶다.

뉴먼의 시각, 혹은 적어도 그 시각의 밑바탕을 이루는 가르침은, 분명 지금도 대다수 로마가톨릭교회가 따르는 가르침과 전례와 경건은 물론이요 이런 문제들에서 로마가톨릭교회를 모범으로 삼는 다른 교회들의 주식(主食)이 되고 있다. 그러나 지난 세대 로마가톨릭의 중핵을 이루었던 두 스승은 이전과 아주 다른 견해를 풀어 놓았다.

1984년 선종한 카를 라너(Karl Rahner)는 20세기 중엽의 가장

위대한 로마가톨릭 신학자 한 사람으로 널리 인정받고 있다. 그는 로마가톨릭과 동방정교회가 사람이 죽은 뒤 부활할 때까지 영혼이 머무는 장소에 대해 제시하는 가르침을 결합하려 했다. 라너는 특정한 영혼의 운명에 대해 지나치게 개인 차원에만 머문 것으로 보이는 관심사에는 집중하지 않았다. 그는 오히려 죽은 뒤에 영혼은 우주 전체와 더 긴밀히 연합하게 되며, 이런 연합 과정을 거치는 동안 그 영혼은 여전히 부활을 기다리면서도 자신이 지은 죄가 널리 세상에 미치는 영향을 더 잘 인식하게 된다고 주장했다. 그는 이런 과정이 연옥일 것이라고 주장했다.

그러나 가장 주목할 만한 견해는 아마도 오랫동안 바티칸에서 고위직에 있었던 요제프 라칭어(Joseph Ratzinger, 265대 로마가톨릭 교황 베네딕트 16세—역주)가 제시한 것이 아닐까 싶다. 라칭어는, 우리가 곧 살펴볼 고린도전서 3장을 근거로, 주님이 몸소 심판하는 불이 되사 우리를 변화시켜 부활하신 당신의 영광스러운 몸을 닮게 하신다고 주장했다. 이 일은 오랜 과정을 거쳐 일어나지 않고, 마지막 심판이 실제로 이루어지는 순간에 일어난다.

라칭어는 연옥과 종말의 불이신 예수 그리스도 자신을 연계함으로써 연옥 교리와 중간 상태라는 개념을 떼어 놓는다. 이를 통해 그는 중세에 면죄부 개념을 만들어 낸 둘 사이의 연결 고리를 끊어 버린다. 이 시대 가장 위대한 개신교 신학자 가운데 한 사람인 볼프하

르트 판넨베르크(Wolfhart Pannenberg)는 라칭어의 견해를 보면서 "연옥 교리가 재림하신 그리스도가 주재하실 마지막 심판을 내다보는 그리스도인의 대망으로 되돌아갔다"고 말한다. 즉, 라칭어는 성경 모델에 더 가까운 개념을 제시한 셈이다. 지난 세대 가장 중요한 로마가톨릭 신학자요 실은 좀더 보수적인 가톨릭계 두 사람이 아퀴나스와 단테와 뉴먼, 그리고 이들 중간의 모든 사람을 철저히 벗어나는 견해를 제시한 것만은 분명하다.

(2) 연옥, 새로운 주장

방금 말한 흐름과 더불어, 이와 완전히 다른 흐름이 많은 자유주의 신학에서 펼쳐지고 있었다. 옛 성공회, 특히 종교개혁자들(이 문제에서는 신약 성경을 그대로 되풀이하던 사람들)에게 영향을 받은 이들은 모든 신자가 세상을 떠난 뒤 예수 그리스도의 영광스러운 삶에 동참하리라는 "확실하고 분명한 소망"을 열렬히 외쳤다. 그러나 20세기의 여러 신학에는 이 명확하고 확신에 찬 말을 억누르고 모호하게 만들어 버리는 흐름이 있었으며, 많은 성공회 신자도 그 흐름에 동참했다. 그렇게 명확하고 확신에 찬 말은 매우 오만해 보인다(우리가 종종 듣는 말이다). 우리가 자신의 마음을 안다면, 우리가 아직 마지막 복락을 누릴 준비가 되어 있지 않음을 알 것이다. 그래서 많은 사람이 새로운 양식의 연옥으로 옮겨 갔다. 이는 로마가톨릭의 영향 때문이라기보다(어쩌면 전례 차원에서는 로마가톨릭의 영향일지 모르지만) 성경의 약속에 대한 확신을 잃어버렸기 때문이다.

게다가 보편구원론, 곧 결국은 모든 사람이 구원을 얻으리라는 믿음이 두드러진 흐름이 되면서 새로운 상황이 나타났다. 정말 모든 사람이 구원을 얻는다면 믿음을 고백한 그리스도인뿐 아니라 그러지 않은 대다수 비그리스도인도 죽음 이후의 시간에 구원을 얻을 준비를 해야 할 것이다. 서문에서 말했듯이, 비그리스도인이 죽으면 그들에게 무슨 일이 일어나는가 하는 문제는 이 작은 책에서 다룰 범위를 벗어난다. 하지만 보편구원론을 따르는 흐름이 그리스도인의 소망 자체에 관한 믿음에 끼친 영향을 인식하는 것은 중요하다.

스프링이 나쁜 2인용 침대처럼 이 신학도 침대 양쪽에 있는 사람들을 중간으로 몰아붙여 불편하게 모여 있게 만들었다. 그리스도인은 곧장 '천국'으로 가지 않고 정화와 선별 과정을 거쳐야 한다. 그들은 목적지에 이를 때까지 천천히 단계를 밟아 가며 알려지지 않은 영혼의 나라를 거쳐 가야 한다. 그리스도인이 아닌 이들도 곧바로 '지옥'으로 가지 않고, 무슨 여행일지 모르지만 아무튼 여행을 계속할 것이다. 어쩌면 그들은 하나님과 예수님의 주장을 다시 살펴보고, 어쩌면 그 주장을 받아들일 선택권을 가질 수도 있다. 미국 성공회 기도서(American Prayer Book)처럼 이런 **사후**(死後) 과정을

'성장'이라고 말하는 경우도 이따금 있다. '성장'이라는 은유를 다른 것보다 선호하는 이유는 분명하지 않다.

따라서 이 시대 대중에게 널리 알려져 있는 신학은 만인이 연옥에 간다고 말하는 셈이다. 이것은 매우 달갑지 않으면서도, 분명 징벌도 아니다. 이런 사상을 낳은 고전파 자유주의는 죄를 두고 난리법석을 피우지도 않고, 분명 죄는 처벌받아야 한다는 생각도 하고 싶어 하지 않는다. 사실 이 새로운 연옥은 전통 교리가 연옥을 다룬 것처럼 죄의 심각성을 강조하는 역할을 하기보다 오히려 죄의 심각성을 경시하는 역할을 한다. 우리는 모두 여행 중에 있고, 시간 차이는 있을지언정 모두 목적지에 이르리라고 소망할 수 있기 때문이다.

(3) 연옥과 전례

연옥은, 고전 형태의 연옥이든 현대 형태의 연옥이든, 만령절이 존재할 이유를 제공한다. 이제는 11월 2일에 지키는 이 날은, 10세기에 베네딕트 수도회가 새로 도입한 것이다(998년에 클뤼니의 오딜로가 모든 베네딕트 수도원에 이 날을 지키게 하면서 다른 수도회에도 이 전통이 전파되었다고 한다—역주). 이는 분명 이미 천국에 있는 '성도'들과 아직 천국에 있지 않은 '성도'들, 곧 적어도 이론상 아직 완전한 행복에는 이르지 못하여 그 복으로 계속 나아가려면 우리 도움이 필요한 '성도'들을 예리하게 구분한다. [일부 국가에서는 만성절과 만령절을 합쳐 '사자(死者)의 날'을 만들었다. 멕시코에서는 '사자의 날'을 지킨다. 미국 국경 근처에 사는 사람들은 자녀들이 북쪽 이웃에게서 할로윈 풍습을 수입하여 엄숙한 절기를 망쳐 놓고 있다고 불평한다.] 이 기념일이 성공회 내부의 많은 집단에 새롭게 널리 퍼졌다. 이 작은 책의 주요 목표 하나는 이 만령절의 존재 이유, 아니 만령절의 존재 자체에 의문을 던지는 것이다.

마지막 승리를 기다리는, 대망하는 교회 이야기는 이쯤 해 두겠다. 이제 우리는 그림에 있는 몇 군데 틈새를 간략히 메워 보아야 한다.

싸우는 교회

'승리한 교회'와 '대망하는 교회'에 이어 등장하는 교회의 셋째 유형은 '싸우는 교회'다. '싸우는 교회'는 현재 교회다. 즉, 지금 이 세상에서 살아가는 그리스도인들이다. '싸우는'(militant)이라는 말은 죄와 세상과 육과 마귀에 맞서 싸우는 군대가 현재 그리스도인의 삶을 나타내는 훌륭한 이미지라는 뜻이다. 중세 교회처럼 교회 개념을 셋으로 나눌 때, 이 싸움은 우리 자신만을 위한 싸움이 아니다. 그것은 대망하는 교회, 곧 지금은 연옥에 있는 이들을 위하여 기도로 싸우는 것을 뜻한다. 그러나 1662년에 나온 성공회 기도서가 증언하는 고전기(古典期) 성공회에서는, 성찬례 중에 올리는 중보기도

때 '싸우는 교회'를 말하는데, 단순히 평범한 그리스도인의 삶에 참여하여 함께하는 교회를 말한다. 따라서 이 '싸우는 교회'도 이 작은 책에서는 다루지 않겠다.

림보

'림보'(limbo)라 알려진 이상한 개념이 승리한 교회, 대망하는 교회, 싸우는 교회의 틈 사이 어디에선가 등장한다. 사람들은 이 림보가 무엇인지 묻는다(로마가톨릭 안에서 자라난 사람들도 가끔은 물으리라고 생각한다).

교회사 초기의 몇몇 교부는 그리스도가 오시기 전 의인으로 죽은 자들이 그리스도가 죽음을 이기고 승리하실 때까지 기다리는 곳이 림보라고 말했다. 그리스도가 죽음을 이기고 승리하실 때(벧전 3:18-22) 그리스도가 그들에게 복음을 전하시면 그들이 림보에서 풀려난다는 것이었다. 하지만 나중에 아퀴나스는 세례받지 않고 죽은 어린아이들도 (아우구스티누스가 주장하듯 지옥으로 가는 것이 아니라) 림보로 간다고 주장했다. 림보에 있는 이들은 초자연 세계에서 희락을 누리지 못하지만, '자연적' 행복은 누릴 수 있다. 이 주제를 둘러싼 물음은 근래까지도 내세에 처할 수 있는 운명이 다양하다는 관념을 배워 온 사람들을 계속 따라다니며 괴롭혔다. 그러나 이제 나는 이것 때문에 골치 아파하는 성공회 신자들은 극

소수라고 말해도 무방하다고 생각한다. 로마가톨릭에서도 요한 바오로 2세가 반포한 새 교리서는 이 범주에 속한 어린아이들에게도 '구원을 얻을 길'이 있음을 우리가 소망할 수 있다고 선언한다.

성도의 교제

이 논의에서 더 중요한 주제는 성도의 교제[*communio sanctorum*, 로마가톨릭에서는 이를 '성인통공'(聖人通功)으로 번역한다 – 역주] 교리다. 이 문구는 4세기 주교인 레메시아나의 니케타스(Nicetas of Remesiana, 오늘날 세르비아에 속하는 레메시아나 주교로서 동방교회 신학자였다 – 역주)가 최초로 썼는데, 그가 무슨 의미로 썼는지는 현재 논쟁 중이다. 그리스어에서 이 말은 '거룩한 것을 함께 나눔'을 뜻한다. 이는 필시 성찬을 가리킬 것이다. 그러나 그리스어 버전이 공식으로 신경(信經)의 일부가 된 일은 한 번도 없다. 신경은 주로 라틴어를 쓰는 서방 교회에서 발전했다. 하지만 이 말은 초기에 나온 것이 확실한, 즉 적어도 2세기 서머나의 폴리캅이 당한 죽음까지 거슬러 올라가는 견해와 연관되었다. 이는 세상을 떠난 그리스도인 가운데 순교자에게 특별히 영예로운 자리가 돌아간다는 믿음, 싸우는 교회 안에 있는 그리스도인은 계속하여 그 순교자들과 교제를 나누고 영적 유익을 얻는다는 믿음을 표현했다.

　4세기가 끝날 무렵, 일부 사람들은 그들 가운데 순교자의 유품

이 있다면 한 저술가가 "순교자들 자신의 참되고 은혜로운 현존이요, 그 순교자들이 연합한 하나님의 임재"라고 말한 것을 전달해 준다고 믿었다. 이 땅의 교회는 앞서 간 이들과 친밀한 교제를 누릴 특권이 있다고 믿었다. 4세기와 5세기에 힐라리우스(Hilarius, 4세기에 프랑스 푀티에 주교를 지낸 서방 교회 지도자-역주)와 아우구스티누스는 이 교리를 정교하게 다듬었다. 그들은 천사와 성도, 사도, 선지자 그리고 교부들이 이 땅에 있는 교회를 에워싸고 지켜보고 있다고 주장했다. 여기서 그리스도인들은 그들이 이미 구속받아 천국에 들어가서 그리스도의 충만한 영광을 체험하고 있는 이들과 교제한다는 것을 알아야 한다. 이것 혹은 이와 비슷한 것이 우리가 사도신경 말미에서 '성도의 교제'를 말할 때 지지하는 교리다.

이렇게 일찍이 생겨난 성도의 교제 교리는 그 뒤 몇 갈래 길로 발전해 갔다. 여기서 우리는 승리한 교회를 '힘이 되는 친구'(friends at court)로 여기는 관념을 다시 한 번 만난다. 성도들을 부르며 간구하고 성도들과 친밀한 사귐을 형성하는 것이 실제 예배에는 포함되지 않았지만 일종의 기도가 되었다. 더 나아가 이 성도의 교제라는 개념은 성도들이 공로 혹은 선행이라는 보화를 소유했으며, 이 보화는 여전히 이 땅에 있는 그리스도인을 포함하여 좀더 소수의 사람들이 활용할 수 있다는 관념으로 발전했다. 이차 유물-예를 들면, 어느 성인의 무덤에 갖다 댄 손수건-을 만드는 풍습 같은 것이 그렇게 발전한 것이다. 적어도 서양의 큰 교회들에서는, 그런 유물이 모조리 관광객용 장신구와 기념품으로 전락했다.

하지만 2차 바티칸 공의회는 다른 몇몇 영역과 같이 이 교리를 많은 신중한 개신교 신자가 만족할 만한, 아주 절제된 어조로 재천명했다. 성도의 교제는 기독교의 중심 주제다. 그러나 오늘날 우리가 말하는 이 말의 의미는 무엇인지, 이 성도의 교제와 관련하여 우리가 해야 할 일이 정확히 무엇인지는 여전히 논쟁거리다. 이는 잠시 뒤에 다시 살펴보겠다.

지옥

전통적 그림의 마지막 항목인 지옥은 따로 떼어 연구할 가치가 있다. 여기서 나는 다만 간략히 언급하겠다[내 책 「나를 따르라」(Following Jesus, 살림 역간)에 이 주제를 다룬 장이 있다]. 물론 지옥은 저 유명한 단테를 비롯하여 수많은 신학자, 설교자, 그리고 시인이 넘치도록 묘사했다. 흥미롭게도 신약 성경은 지옥을 거의 언급하지 않는다. 그러나 다가올 심판을 경고하는 말은 많다. 1세기 유대인들이라면 후대 그리스(동방 교회)와 라틴(서방 교회) 신학자들보다 더 쉽게 묵시 언어로 풀어냈을 것이다. 특히 게헨나―예수님 시대에 게헨나는 예루살렘 서남쪽 외곽에 쌓인, 연기가 피어오르는 쓰레기 더미를 가리키는 이름이었다―에 관한 경고들은 죽음 이후

들어갈 불타는 지옥을 경고하는 말이 아니라, 당시 세계 질서 속에서 예루살렘과 그 거주민을 덮칠지 모를 재앙을 경고하는 말로 읽어야 한다. 그것은 또 다른 경우에 다뤄야 할 또 다른 주제. [상세한 내용은 「예수와 하나님의 승리」 8장을 보라]. 잠시나마 우리가 유념해 둘 것은 전통적 그림에서는 지옥이 마지막 도착지라는 것이다. 일단 거기 도착한 사람은 절대 다른 곳으로 가지 못한다. 지옥은 끝이 없고, 영원한 고통이 이어지는 곳이다. 이 형벌은 사악한 사람은 결국 받아야 할 벌을 받으리라는 것을 일러 주는 표지다. 이 때문에 많은 전통 신학은, 구속받은 자들이 누리는 기쁨 가운데 하나는 저주받아 지옥에 있는 자들이 당하는 고통을 생각하는 것이리라고 추정했다. 이런 생각이 지난 두 세기 동안 주류를 이룬 기독교 사상이지만, 이를 꼭 역겹다고 말할 필요는 없다.

전통에 의문을 제기함

이 위대한 전통은 적어도 서양에서는 천 년이 넘는 세월 동안 수많은 그리스도인들에게 정신을 살찌우는 양식을 제공해 왔지만, 이 전통에 의문을 제기한 몇 갈래 흐름이 있다. 물론 16세기 프로테스탄트 종교개혁자들은 연옥 교리를 철폐하는 데 두드러진 성공을 거두었다. 그러나 그들은 천국과 지옥을 묘사한 전통적 그림 중 많은 부분을 건드리지 않고 그대로 두었으며, 천국과 지옥을 묘사한 이런 그림이 부활을 말하는 신약 성경의 언어와 어떻게 합치하는지는 사실상 전혀 설명하지 않았다. 우리 시대, 그리고 사실 과거 100년이 넘는 세월 동안, 많은 사람이 완전히 다른 이유들을 내세워 전통적 그림을 조금씩 무너뜨렸다. 즉 그 그림이 성경과 합치하지 않는다는 것이 아니라 그 그림을 믿을 수 없다거나 역겹다는 이유, 혹은 그 두 이유를 다 내세운 것이다. 이제 뒤이어 제기할 물음들은 신약 성경을 새롭게 읽어 낸 시각에서 비롯한 것이요, 적어도 근래에 서양 교회의 전례 생활에서 이루어진 몇 가지 발전을 보고 얻은 깨달음에서 비롯한 것이다.

2장

전통을 다시 생각함

부활은 여전히 미래의 일

끝에서 이야기를 시작해 보자. 몸의 부활은 예수님을 제외한 모든 이에게 여전히 미래 일이다. 바울은 고린도전서 15:23에서 이를 분명하게 말한다. 그리스도가 첫 열매로 일으킴을 받으셨다. 다음에는 그분이 오실 때 그리스도께 속한 자들이 그분이 일으킴을 받으셨던 것처럼 일으킴을 받을 것이다. 바울이 말하는 '오심'은 아직 일어나지 않았다. 따라서 그리스도 안에 있는 죽은 자들도 분명 아직 일으킴을 받지 않았다. 이것이 사실상 가톨릭과 개신교를 아울러 모든 주류 정통 신학자들이 취하는 공식 견해다. 그러나 우리가 죽으면 곧바로 모든 순간이 현재인 영원으로 옮겨 간다고 생각하는 사람들도 있다. 이는 대중이 아주 좋아하는 견해지만 여기에는 심각한 난점이 많다. 나는 바울이 마태복음 27:52-53이 보고한 죽은 자들의 기이한 부활을 알고 있었는지 몰랐는지 모른다. 그러나 만일 그가 그런 부활을 알았다면, 그는 분명 그들을 특별한 표지이자 부활을 미리 보여 준 전조로 여겼을 것이다. 결코 빌립보서 3:20-21과 고린도전서 15장 같은 본문에서 예언한 대로 실제 그리스도와 같은 모습으로 변화된 사람들로 여기지는 않았을 것이다.

우리는 특히 구속받은 자들이 다다를 **최종** 목적지를 가리킬 때 '천국'이라는 말을 사용한다. 중세의 경건, 신비극(mystery plays, 성경의 내용을 소재로 한 연극—역주) 같은 것은 그 점을 엄청나게 강조했고, 대중은 거의 모두 그런 인식을 갖고 있다. 하지만 '천국'이라는 말을 이렇게 사용하는 것은 심각한 오해를 불러일으키며 애초부터 그리스도인의 소망을 정당하게 다룬 것이 아님을 유념해야 한다. 나는 대다수 그리스도인이 표방하는 전통적 사고와 언어라는 두터운 장벽 때문에 이 지점에 도달하기가 매우 어렵다는 것을 알고 거듭 좌절한다. 신약 성경은 '죽을 때 천국에 가는 것'을 주된 목표로 제시하지 않는다. 주된 목표는 몸으로 부활하여 예수 그리스도의 영광스러운 모습으로 변화되는 것이다. 만일 우리가 '죽을 때 천국에 가는 것'에 대해 말하고 싶다면, 이것이 두 단계로 이루어진 과정의 첫 과정이며 훨씬 덜 중요한 과정임을 분명히 알아야 한다. 같은 것을 묘사하는 말로 옛적부터 쓴 '낙원'이라는 말을 쓰는 것이 적절한 것도 그런 이유다. 나는 이런 내용을 서문에서 언급한 책에서 더 상세히 다루었다.

서로 다른 범주들은 없다

그렇다면 그리스도인이 최후에 맞이할 운명이 아직 일어나지 않은 사건인 몸의 부활이라고 가정해 보자. 이는 곧 이런 처지에 있는 사람들이 지금 모두 죽음과 부활 사이 어딘가에 자리한 중간 상태에 있음을 뜻한다. 좋다면 이 중간 상태를 '천국'이라고 불러 보자. 이는 이 책에서 사실상 첫 쟁점이다. 기독교의 토대가 되는 문서들을 살펴보면, 이 중간 상태에 있는 그리스도인들을 범주별로 구분했다고 생각할 이유가 전혀 없다. 모든 사람이 같은 상태에 있고, 모든 사람이 '성도'다.

신약 성경은 그리스도인 한 사람 한 사람을 모두 '성도'라 부른다. 이 성도 중에는 바울이 서신을 써 보낸 엉망인 신자들과 죄 많은 신자들도 포함된다. 교회를 바라보는 초기 기독교 사상의 배경 중에 사해사본이 있는데, 여기에는 쿰란 종파 구성원들을 '거룩한 이들'이라 칭한 말이 있다. 그렇게 부른 이유는 그들이 현재 거룩한 삶을 살아가면서 장래에도 그렇게 살기를 소망하기 때문이기도 했지만, 그들이 그 종파에 들어감으로써—그리스도인인 경우는 세례를 받고 예수를 부활하신 주님으로 고백함으로써—어둠의 영역을 떠나 빛의 나라로 들어갔기 때문이기도 했다(골 1:12-14).

이것은 그리스도인이 맞이할 몸의 죽음과 이 죽음 뒤에 그리스도인에게 일어날 일을 말하는 신약 성경의 언어가, 어쨌든 이 점과 관련하여 현세에서 유의미한 거룩함 혹은 그리스도를 닮은 모습을 얻은 사람들과 그렇지 않은 사람들을 구별하지 않는다는 것을 뜻한다. 바울은 빌립보서 1:23에서 "차라리 세상을 떠나서 그리스도와 함께 있는 것이 훨씬 더 좋은 일이라"라고 말한다. 바울은 "그리스도와 함께 있는 것"에 대해 자신은 이를 체험하겠지만 빌립보 사람들은 뉴먼의 글에 나오는 제론티우스처럼 두려워하고 늦어지기를 바랄 일이라고는 단 한 순간도 암시하지 않는다. 그의 상태(그리스도와 함께 있는 상태)는 실로 높아지겠지만, 모든 그리스도인 한 사람 한 사람이 죽음 뒤에 맞이할 상태와 다르거나 더 높지는 않을 것이다. 그런 점에서 보면, 바울은 다른 곳이나 다른 상태에서 기다리는 단순한 '영혼'과 구별되는 '성도'가 아니다.

여기서 우리는 신약 성경이나 초기 기독교 문헌이 예수 어머니의 죽음이나 그 죽음 이후의 상태를 두고 아무것도 말하지 않는다는 사실을 덧붙일 수 있을 것이다. 중세에 서방 교회인 로마가톨릭을 지배한 견해를 초기 기독교는 일체 시사하지 않는다. 그런데 우리가 사는 바로 이 시대에도 일부 사람들은 마리아가 성도 중의 성도로서 특별하고 특유한 곳으로 올림을, '취함'을 받았다는 견해를 열심히 전개하고 퍼뜨린다. 또 우리는 동방정교회가 다른 몇 가지는 물론이요 이 문제에서도 종교개혁자들과 같은 견해를 취하면서 서방 교회와 의견을 달리한다는 것을 언급할 수 있다. 마리아의 '영면'('잠듦', 곧 그녀의 죽음)을 마리아가 '취함'을 받은 것과 같이 보려는 시각이 있기는 하지만 사실 이 둘은 크게 다르다. 정교회는 마리아가 죽었고, 마리아의 몸이 지금은 쉬고 있으며, 결국에는 그 영혼과 결합하게 되리라고 말한다. 반면 로마가톨릭교회는 마리아가 죽지 않았으며, 마리아의 몸과 영혼은 모두 이미 하늘에 있다고 말한다.

바울은 이 '떠남과, 그리스도와 함께 있음'이 결국 일어날 몸의 부활과 **같은** 일이라고 암시하지 않는다. 그는 이를 같은 서신 뒷부분에서 명확하게 서술한다(빌 3:20-21). 즉, 그는 세상을 떠난 모든 그리스도인이 '떠나서' '그리스도와 함께' 있다고 말한다. 세상을 떠난 그리스도인들이 지금 어디에 있고 그들이 무엇을 하고 있는지를 설명할 목적으로 바울이 유일하게 제시하는 또 다른 개념은 '그리스도 안에서 잠듦'이다. 그는 이 개념을 자주 쓴다(고전 7:39; 11:30; 15:6, 18, 20, 51; 살전 4:13-15). 일부 사람들은 바울이 말하는 이것이 분명 무의식 상태를 의미하며, 부활 때 이 상태에서 의식을 가진 상태로 되돌아갈 것이라고 생각했다. 그렇다면 아마도 우리는 한 상태에서 다른 상태로 곧장 옮겨 가는 것처럼 보일 것이다. 하지만 이것은 그 '깨어남'이 장차 있을 부활임을 되새겨 주는 강한 은유일 개연성이 높다. **사후** 상태가 의식이 없는 상태라면, 바울이 그 상태를 현재 우리 상태보다 "훨씬 더 좋은" 상태라고 생각했겠는가?

요한계시록이 구사하는 언어는 이런 그림을 더 확증해 준다. 우리는 요한계시록에서 순교자들의 영혼이 제단 아래에서 마지막 구속이 일어나기를 기다리는 것을 본다. 그들은 쉬고 있다. 그들은 의식이 있다. 그들은 얼마나 더 오래 있어야 정의가 이루어질지 물을 수 있다(계 6:9-11). 그러나 그들은 아직 새 예루살렘이 와야 도래할 최후의 복락을 누리지 못한다. 이는 동방정교회의 고전적 교리와 일치한다. 동방정교회에서도 성인을 말하고 온갖 방법으로 그들 이름을 부르며 간구한다. 그러나 동방정교회는 이 성인들이 마침내 이미 완성된 구속을 체험했다고 보지 않는다. 하나님의 모든 백성이 안전하게 집에 이를 때까지 그들 가운데 누구도 완성을 체험하지 못한다. 정교회가 성인들을 위하여 또한 그들과 더불어 기도하되, 그들이 - 우리가 그들과 합류할 때 우리와 함께 - 하나님의 완전한 목적이 완성된 상태로 들어갈 수 있도록 기도하는 것은 바로 그 때문이다.

특히 우리는 누가복음 23:43에 기록된, 예수님이 당신 옆에서 죽어 가는 강도에게 하신 유명하고 놀라운 말씀을 생각해 보아야 한다. 예수님은 "오늘 네가 나와 함께 낙원에 있으리라"고 말씀하셨다. '낙원'은 마지막 목적지가 아니다. 낙원은 마지막 목적지에 이르는 길에 자리한 아름다운 쉼터다. 그러나 주목하라. 신약 성경에서 고전적 연옥 교리를 적용했으리라고 예상할 만한 사람이 있다면, 바로 이 강도다. 그는 삶을 뜯어고칠 시간이 없었다. 분명 그는 남은 몸에 죄로 물든 온갖 생각과 욕망을 가지고 있었다. 연옥을 지지하는 모든 기본 논증이 이 강도에게 연옥을 적용한다. 그러나 예수님은 이 강도에게 그가 있을 곳이 낙원이라고 보장하신다. 그것도 며칠 뒤나 몇 주 뒤가 아니라, 바로 '오늘'! 그 강도의 친구들은 그를 위해 많은 기도와 미사를 올릴 필요가 없다.

그렇다면 신약 성경에서, 죽었을 때 혹은 죽음 이후에 있을 심판을 다룬 아주 놀라운 본문 하나인 고린도전서 3:10-15은 대체 무엇인가? 여기서는 어떤 그리스도인들과 다른 이들을 분명하게 구별한다.

> [10] 하나님의 은혜를 따라 내가 지혜로운 건축자와 같이 터를 닦아 두니, 다른 이가 그 위에 세우나 누구든지 어떻게 세울지를 조심할지니라. [11] 이 닦아 둔 것 외에 아무도 다른 터를 닦아 둘 자가 없으니 이 터는 곧 메시아 예수라. [12] 만일 누구든지 금이나 은이나 보석이나 나무나 풀이나 짚으로 이 터 위에 세우면 [13] 모든 사람의 공적이 드러날 터인데 그날이 그것을 밝히리니 불로써 드러날 것임이라. [14] 만일 그 위에 세운 공적이 그대로 있으면 그 사람은 상을 받고 [15] 만일 그 공적이 불타면 그 사람은 보응을 받을 것이라. 그러나 그들 자신은 구원을 받되 불을 통과한 것 같으리라.
>
> [16] 너희는 알지 못하느냐? 너희는 하나님의 성전이라. 하나님의 성령이 너희 안에 사시느니라! [17] 만일 누구든지 하나님의 성전을 파괴하면 하나님이 그 사람을 파괴하시리라. 하나님의 성전은 거룩하니 그러므로 너희도 그러하니라.(저자 사역)

이 본문의 요지는 그리스도인 선생과 설교자들이 행하는 일의 질

(質)을 경고하는 것이다. 바울은 그들이 큰 성전, 곧 하나님의 교회를 세우고 있다고 말한다. 어떤 이들은 가장 훌륭한 재료, 즉 금과 은과 보석으로 성전을 세운다. 반면 다른 이들은 질이 형편없는 재료, 즉 나무와 풀과 심지어 짚으로 성전을 짓는다. 그렇다. 바울은 심판 날에 누가 무엇을 했는지 밝혀질 것이라고 말한다. 불이 모든 것을 사르겠지만, 그것을 견딜 수 있는 재료로 지은 것만은 살아남을 것이다. 15절에는 교회가 등장한다. 누군가의 공적이 불타 없어지면, 그 사람은 해를 입을 것이다. 그들 자신은 구원을 얻겠지만, 불 속에서 도망쳐 나온 사람처럼 얻을 것이다. 반면 불에 견디는 재질로 지어 그 지은 것이 그대로 남은 사람은 상을 받을 것이다(14절).

이것이 신약 성경에서 유일하게 분명한 구별을 하는 본문이다.[5] 그러나 여기에도 시간의 진전에 따라 구별한 흔적이 없다. 금과 은과 보석으로 지은 사람들은 곧장 부활할 뿐 아니라 하늘 혹은 낙원으로 직행하지만, 나무와 풀과 짚을 사용한 사람들은 연옥에서 벌을 받거나 정결케 되어야 하므로 그 길이 지체될 것이라고 바울은 말하지 않는다. 그렇다. 그는 둘 다 구원을 얻으리라고 말한다. 하지만 한쪽은 영광스럽게 구원을 얻고, 다른 한쪽은 불탄 냄새를 풍기며 아슬아슬하게 구원을 얻을 것이다. 이는 준엄한 본문이다. 그리스도의 일꾼과 그리스도를 섬기는 교사는 이 본문을 아주 진지하게 받아들여야 한다. 그러나 한 범주에 속한 그리스도인과 다른 범주에 속한 그리스도인이 하늘에서 위치나 지위에 차이가 있다거나 그들이 거칠 시간 진전에 차이가 있다고 가르치지는 않는다.

사실 신약 성경에는 가장 큰 자가 가장 작은 자가 되고 가장 작은 자가 가장 큰 자가 되리라는 말씀이 아주 많다. 그러므로 우리는 각양각색인 그리스도인의 사후 상태에 이처럼 아무 차이가 없다는 것을 알고 놀라서는 안 된다. 나는 이를 선뜻 받아들이기 힘든 사람도 있을 수 있음을 인정한다. 그러나 가장 기본이고 중심이 되는 기독교 복음인 예수님의 메시지와 그분이 행하신 일 그리고 바울과 다른 이들이 설교한 내용을 살펴보자. 이를테면 베드로나 바울, 야고보나 요한, 혹은 감히 말하자면 예수님의 어머니조차도 지난주나 지난해에 신앙을 지키다가 죽임을 당한 그리스도인들보다 앞선 사람이라거나 하나님께 더 가까운 사람이라거나 더 많은 영적 '성장'을 이룬 사람이라고 말할 이유가 전혀 없다. 포도원 품꾼들을 기억해 보라(마 20:1-16). 하루 종일 일한 사람들은 더 많은 품삯을 받으리라고 생각했다. 그러나 일이 끝날 무렵 온 사람들도 같은 품삯을 받았다. 포도원 주인이 자기 것을 자기 마음대로 하지 못하겠는가? 그 주인이 놀랄 만큼 인심이 후하다고 우리가 불평하겠는가?

우리가 우리의 기본 헌장에 충성하려 한다면, 우리는 모든 그리스도인을 그들이 살아 있는지 죽었는지를 떠나 '성도'로 생각해야 하며, 이미 세상을 떠난 그리스도인들도 그렇게 생각하고 그렇게 대해야 한다고 말할 수밖에 없다. 나는 시간과 노력을 쏟아 성인(聖人)이 되고 복자(福者, 로마가톨릭교회가 시복 절차를 거쳐 신앙의 모범으로 세운 인물―역주)가 되고 이와 비슷한 사람이 된 이들의 심정을 존중한다. 나는 그들이 과거나 현재나 거룩함이 얼마나 중요한지에 대해 뭔가 말하려 한다는 것을 안다. 그러나 나는 그들의 노력을 그릇된 것으로 여길 수밖에 없다.

연옥은 없다

이 모든 내용을 살펴보았으니, 이제는 많은 사람이 당연시하지만 반대로 다른 많은 사람은 반대하거나 심지어 충격을 받을 요점을 다룰 때가 되었다. 나는 연옥을 믿지 않는다.

물론 연옥이라는 개념이 등장하는 데는 시간이 좀 걸렸다. 이 개념이 확립되었을 때는 교회 일부, 즉 로마가톨릭교회만 이 개념을 주장했다. 16세기 종교개혁자들은 성경과 신학을 토대로 훌륭한 근거들을 내세워 이 개념을 단호히 거부했다. 그럼에도 오늘날 성공회 내부의 많은 사람은 다시 한 번 연옥이 들어설 자리를 마련해 보려고 열심인 것 같다. 나는 종종 성공회 신자들이 "연옥에 관한 로마교회 교리는 어리석은 것이요 헛되게 발명된 것이고 성경에 근거가 전혀 없을 뿐만 아니라 하느님의 말씀을 적대하는 것이다"라고 선언하는 성공회 신조 22조를 만나면 엉뚱한 말로 발뺌하는 것을 들었다. 그들은 이렇게 말한다. "아, 그 신조는 **로마** 교회가 말하는 연옥 교리만 언급한 거죠. 그 말은 곧 우리에게 로마 교회와 다른 **성공회**의 연옥 교리를 발전시킬 자유를 준다는 말 아니겠어요?" 그러나 이 말은 옳지 않다. 이 신조에서 언급하는 '로마' 교회 교리는 연옥에 관한 교리 전부를 가리키는 것이다. 그 문장의 강조점은 다른 곳에 있다. 연옥 교리는 몇 가지 형태가 있는데 성공회는 그 가운데 로마 교회의 교리를 거부한다는 말이 아니다. 도리어 그것은 연옥 교리는 단 하나, 로마 교회가 가르치는 교리가 있을 뿐이며, 성공회는 그것을 거부한다는 말이다. 여기서 우리는 예수님이 사람의 전통을 하나님의 말씀보다 앞세우기 좋아하는 사람들을 두고 하신 말씀(이를테면 막 7:6-13)을 적용해야 한다. 이런 인간의 전통은 믿는 사람들에게 해를 끼치지 않는 괜찮은 잡동사니 정도가 아니다. 이런 전통은 기독교 신앙의 핵심에 영향을 미친다.

어떤 이들은 여전히 성경을 근거로 연옥을 지지하지만, 그들이 내세우는 근거는 헛된 것이다. 마카베오하 12:39-45에는 유명한 본문이 있다. 이 본문을 보면, 전사한 몇 사람이 몰래 우상을 숭배했던 이들로 밝혀진다. 그러자 유다 마카베오와 그 부하들은 우상을 섬긴 전사자들이 부활에 확실히 동참할 수 있도록 그들을 위하여 기도를 올리고 제사를 드린다. 이 본문은 실제로 중간 상태를 염두에 두고 있다. 부활은 아직 일어나지 않았다. 그런데 부활을 얻을

(얻기를 소망한) 몇몇 사람이 아직 속죄받지 못한 죄가 있음이 드러났다. 그러나 이런 기도와 제사는 '연옥에서 벗어나게 함'이 아니다. 그것은 비록 모든 이가 똑같이 중간 상태에 있지만, 이들도 다시 일어나(다시 언급하지만 '하늘에 가서'가 아니다) 장차 임할 하나님의 새 세상을 확실히 누릴 수 있게 하려는 일이다. 물론 마카베오서는 외경이다. 그러나 초기 그리스도인들은 어쨌든 "하나님의 아들 예수의 피가 우리를 모든 죄에서 깨끗하게"(요일 1:7) 해주신다고 대답했을 것이다. 만일 과거로 돌아가는 회복 행위가 필요하다면, 그 행위는 바로 세례받지 않고 죽은 자들에게 베푸는 세례였겠지만, 이 이상한 관습을 유일하게 언급하는 본문(고전 15:29)은 계속 논쟁거리가 되고 있다. 다른 증거 본문을 찾아보려는 시도들도 설득력이 없으며 최악의 경우 황당무계하기까지 하다.

현대라는 옷을 입혀 놓기는 했지만, 사람들이 연옥이라는 것을 지지하며 줄기차게 내놓는 논증은 성경에서 나온 것이 아니다. 이런 논증은 우리 모두가 죽는 시간까지 여전히 죄로 가득하다는 공통된 인식, 그리고 우리가 거룩하신 주권자 하나님 앞에서 (설익은 말로 표현해 보자면) 평안히 있으려면 이 죄를 처리할 어떤 조치를 취해야 한다는 그럴듯한 추정에서 나온 것이다. 우리가 보았지만, 중세의 연옥 교리는 취해야 할 '어떤 조치'를 두 요소로 나눌 수 있다고 생각했다. 하나는 형벌이요, 다른 하나는 정결케 하는 것이다. 우리는 성경이 이 두 요소에 대해 무엇이라고 대답하는지 반드시 이해하고 넘어가야 한다.

우리가 죄에 따른 형벌이라는 문제를 제기한다면, 이 죄는 이미 예수님의 십자가에서 해결되었다는 것을 아무리 강조해도 부족할 것이다. 물론 설익고 성경에 근거하지 않은 속죄 교리들이 있었고, 복수심에 불타는 하나님이 누군가를 벌하기로 마음먹고 자신의 아들을 골라 벌하시고 만족하셨다는 생각에 대놓고 반발하는 이들도 많았다. 그러나 이런 그림을 성경의 가르침으로 오해하지 말기 바란다. 바울은 그가 가장 중요시하고 주의 깊게 천명한 선언에서 하나님이 예수님을 벌하셨다고 하지 않고 하나님이 예수님의 육신에 죄를 정하셨다고 말한다(롬 8:3). 여기서 종교개혁자들의 직관은, 그들의 표현이 늘 정확하지는 않았지만, 정곡을 찔렀다. 그리스도인들이 그들의 죄로 말미암아 사후에 연옥이나 다른 곳에서 벌을 받아야 한다고 생각한 것은 십자가에서 이루어진 일의 핵심을 도통 파악하지 못했음을 보여 준다.

나는 오늘날 형벌을 받는 연옥을 옹호하는 이들이 많지 않으리라고 생각한다. 그렇지만 우선 그 점을 확실히 해 두고, 이어서 많은 사람이 여전히 향하고 있는 지점, 곧 실제 죄로 가득한 우리가 나아가야 할 그 지점으로 계속 나아가는 것이 중요하다. 우리가 죽을 때 우리에게, 죄로 가득한 우리 자신에게 무슨 일이 일어나는가? 우리는 여전히 어떤 진지한 선별과 정화 과정을 거쳐야 하지 않겠는가? 우리 영과 우리 혼은 여전히 아주 많은 것을 요구받지 않겠는가? 우리가 현세에 어떤 영적 성장을 이루었다 해도, 그것은 단지 우리가 얼마나 더 멀리 가야 하는지를 깨우쳐 주는 데 불과하지 않은가? 지금 여기서 거룩함을 향해 조금씩 나아가는 우리는, 이제 겨우 올라야 할 산에 오르기 시작했고 그 산은 여전히 우리 위에 우뚝 솟은 채 어렴풋이 보일 뿐이라고 느끼지 않는가?

그렇다. 우리는 그렇게 느낀다. 나는 그런 느낌이 건강하고 정상인 그리스도인의 본능이라고 생각한다. 그러나 표준이라는 이런 논증이 살피지 못한 것이 있으니, 바로 몸의 죽음이 지니는 의미다. 우리가 죽음과 저 건너편의 삶을 생각하면서 정말 중요한 것은 '영혼'이라고 보는 견해에 우롱당한 것이 이번이 처음은 아니다. 이런 말을 하면 놀라는 사람이 많겠지만, 신약 성경에는 '영혼'이 중요하다는 말이 거의 나오지 않는다. 우리는 영혼 구원을 너무 중시하는 견해를 취해 왔다. 그러다 보니 성경이 몸에 훨씬 더 많은 관심을 갖고 있다는 것을 깨닫지 못했다. 성경이 몸에 얼마나 지대한 관심을 갖고 있는지, 몸의 죽음과 몸의 부활 사이에 존재하는, 몸이 없는 상태를 성경으로 분명히 설명하기가 매우 어려울 정도다. 성경 기자들은 우리에게 정말 중요한 것은 '영혼'이라는 생각을 심어 주려 하지 않는다. 물론 강박이라 할 정도로 그런 생각을 견지해 온 그리스도인이 많다. 그런 그리스도인 중에는 자신의 신학이 '성경과 일치한다'고 생각하는 이들도 많다. 그러나 우리는 신약 성경이 몸의 죽음 자체로 실제로 죄가 끝난다고 본다는 것을 의심하지 말아야 한다. 물론 우리 안에는 여전히 온갖 죄가 남아 있어서 우리를 오염시키고 타락시킬 수 있다. 그러나 죽음, 곧 몸의 죽음을 두고 성경이 이해하는 내용을 보면, 이 죽음은 단번에 모든 것을 끝낸다.

여기서 중심이 되는 본문이 로마서 6:6-7과 골로새서 2:11-13이다. 두 본문이 만들어 내는 그림을 뒷받침하는 것이 요한복음의 핵심 본문이다. 바울 서신 두 본문은 세례에 대해 말한다. 그리스도인은 자신의 죄가 그리스도의 죽음을 통해 이미 처리되었다고 확신한다. 그리스도인은 이제 더 이상 지은 죄로 인해 위협받지 않는다. 이를 잘 보여 주는 핵심 구절이 로마서 6:7이다. "죽은 자가 죄에서 자유롭다"(문자적으로는 "죄에서 의롭다 하심을 얻었다"). 이 본문을 보면, 우리가 죄에서 벗어나 깨끗해지려면 두 단계를 거쳐야 하는 것 같다. 첫째, 세례와 믿음이 있다. 예수님은 "너희는 내가 일러 준 말로 이미 깨끗해졌다"(요 15:3)고 말씀하신다. 마음에 있는 믿음을 일깨워 주는 복음의 말씀은 그 자체가 우리에게 필요한 깨끗이 씻음의 기초다. 예수님은 마지막 만찬 때 이렇게 말씀하셨다. "이미 목욕한 자는 발밖에 씻을 필요가 없느니라. 온 몸이 깨끗하니라"(요 13:10). 여기서 '발'은 말하자면 여전히 진창인 이 세상에 발을 딛고서 있는 우리의 일부를 나타내는 것 같다. 곧, "얽매이기 쉬운 죄"(히 12:1)가 방해할 기회를 찾는 곳이라고 추측해 볼 수 있다.

그러나 영광스러운 소식이 있으니, 우리가 현세를 살아가는 동안에는 죄와 씨름하면서 진정한 거룩함으로 조금씩 나아갈 수도 있고 나아가지 못할 수도 있지만, 우리에게 남아 있는 죄의 성향은 육신이 죽는 순간 곧바로 끝나고 끊겨 없어져 버린다는 것이다. 바울은 이렇게 선언한다. "몸은 죄로 말미암아 죽은 것이나, 영은 의로 말미암아 살아 있는 것이니라"(롬 8:10). 요한과 바울은 함께 한 목소리로 기독교 복음의 핵심에 자리한, 거대하고 중심이 되며 생명력 있는 가르침을 천명한다. 예수를 믿는 자는 죽어도 살 것이며, 살아서 예수를 믿는 자는 결코 죽지 않을 것이다(요 11:25-26). 그런가 하면 바울은 이 말을 이렇게 표현한다. 우리가 그리스도와 함께 죽었으면 그와 함께 살 것이니, 이는 그리스도께서 죽은 자들 가운데서 일으키심을 받아 다시 죽지 아니하실 줄을 알기 때문이다. 그러므로 너희도 그리스도 안에서 너희 자신을 죄에 대하여 죽은 자요 하나님께 대하여 산 자로 여기라(롬 6:8-11). "우리가 믿음으로 의롭다 하심을 받았으니, 우리 주 예수 그리스도로 말미암아 하나님과 화평을 누리자.…하나님의 영광을 바라고 즐거워하느니라"(롬 5:1-2).

"아, 그렇지만 이런 말은 아주 오만하게 들린다. 자만심 가득한 승리주의자나 할 소리 같다"고 말하는 이들도 있을 것이다. 물론 이런 말에는 승리에 들뜬 분위기가 있다. 하지만 여러분이 그런 분위기를 지우려 한다면, 복음의 핵심도 함께 제거해 버리게 될 것이다. 그러나 실상 이 말은 교만이나 자만과는 지극히 거리가 먼 말이다. 성 에이단(St. Aidan, 아일랜드 출신의 수도사이자 선교사로 잉글랜드 중동부 노섬브리아에서 선교했다-역주)은 왕이 준 말을 걸인에게 내주었다. 그러면 그 말을 탄 걸인은 교만한 사람인가? 그는 그저 놀라울 만큼 후한 그 성인의 마음을 찬미했을 뿐이지 않은가? 탕자가 아버지의 넓은 아량을 받아 그 손가락에 반지를 끼고 그 발에 신을 신었다면 오만을 부리는 것인가? 도리어 이 탕자가 그 아버지 집에 합당한 자가 되기까지 한두 주 동안 베옷을 입고 재를 뒤집어쓴 채 지내겠다고 고집을 부리는 것이 훨씬 더 교만한 것 아닌가? 그야말로 '아주 겸손한' 참회자라는 자신의 어그러진 명예에 집착하는 행동이 아닐까? 그렇다. 나는 탕자가 오만하다는 비난이 아버지가 아니라 형에게서 나온다는 것이 두렵다. 우리는 이런 식으로 하나님이 값없이 베풀어 주신 은혜의 복음을 즐거워하지 못하는 일이 없도록 조심해야 한다. 자존심이 지나쳐 값없는 은혜를 받아들이지 못하는 이들의 어그러진 오만이 우리가 이 세상에서 가장 좋은 소식을 듣고 받아들이는 일을 가로막지 못하게 해야 한다.

   장례식에서 곧잘 낭독하는 바울 서신의 유명한 말씀 한 장을 생각해 보기 바란다. 바울은 이렇게 썼다. "그러므로 이제 그리스도 예수 안에 있는 자에게는 결코 정죄함이 없나니"(롬 8:1). 이 8장의 위대한 마지막 문단은 어떤 형태의 연옥 교리도 생각할 여지를 남기지 않았다. "누가 능히 우리를[하나님이 택하신 자들을] 고발하리요?…누가 정죄하리요?…누가 우리를 그리스도의 사랑에서 끊으리요?…사망이나 생명이나 천사들이나 통치자들이나 현재나 미래나 능력이나 높음이나 깊음이나 다른 어떤 피조물이라도 우리를 우리 주 그리스도 예수 안에 있는 하나님의 사랑에서 끊을 수 없으리라!" 혹시라도 바울이 '물론 너희는 십중팔구 먼저 연옥을 거쳐야 하리라'라는 말을 덧붙였을 수도 있다고 생각한다면, 대단히 죄송하지만 여러분은 신학자가 아니라 의사부터 만나야 한다고 생각한다.

사실 바울은 이곳뿐 아니라 다른 곳에서도 연옥 역할을 하는 것은 바로 현세의 삶임을 분명하게 밝힌다. **사후** 상태에서 겪는 고난이 아니라 현세에 겪는 고난은 우리가 영광스러운 미래에 이르기 위해 거쳐야 할 계곡이다. 정말 그렇다. 때로 현세의 삶은 죽음 이후에 겪을 불행과 운명을 상상한다는 것마저 사치일 정도로 고통스럽다. 사실 나는 연옥이 대중에게 그토록 큰 인기를 얻고 단테가 중세에 내놓은 책이 사람들로 하여금 그토록 쉽게 자신과 연관 짓게 하는 이유를 알 것 같다. 연옥 신화는 알레고리요, 현재를 미래에 투사한 것이다. 이 때문에 연옥은 상상을 자극하는 호소력을 지닌다. 연옥은 우리의 이야기요, 우리가 지금 있는 곳이다. 우리가 그리스도인이라면, 우리가 부활하신 예수를 주로 믿는다면, 우리가 세례를 받고 그리스도 몸의 지체가 되었다면, 우리는 바로 지금 생명으로 나아가는 문인 고난을 지나가고 있는 것이다. 물론 이것은 죽음이 우리 신학과 영성의 수많은 선조들에게 즐거운 놀라움을 가져다주었으리라는 것을 의미한다. 앞에 놓인 긴 싸움을 대비하던 그들은 결국 그 싸움이 이미 끝났음을 발견했을 뿐이다.

따라서 우리 시대에 연옥 아류가 재유행하는 것은 엉뚱한 일이다. 그것은 우리가 현실에 발을 단단히 딛고 서 있어야 할 때 도리어 신화로 돌아가는 괴이한 일이다. 로마가톨릭을 이끄는 두 신학자인 라너와 라칭어는 문제가 된 교리를 다른 것으로 바꾸었는데, 도리어 성공회 일부 집단은 친근히 굴면서 로마 곁으로 다가가려 하니, 이야말로 아이러니다.

일부 사람들은 바로 제1차 세계대전 때문에 현대판 보편구원론 교리가 슬금슬금 등장했고 그리하여 만인에게 열려 있는 연옥이라는 것이 필요하게 되었다고 주장했지만, 나는 그렇게 생각하지 않는다. 그들 가운데는 기껏해야 이름만 그리스도인인 이들도 많았겠지만 수만 명에 이르는 젊은이들이 참호 속에서 죽어 가고 있다는 사실은 군목들이 장례식에서 설파하고 싶었던 자비로운 가설, 즉 그 전사자들이 모두 실제로 참 그리스도인이었다는 가설을 거의 한계 지점까지 끌어올렸을 것이다. 그러나 그 전에도 엄청나게 많은 사람이 전쟁과 역병으로 죽어 갔지만, 이와 같은 신학적 재평가를 몰아붙인 일은 없었다. 오히려 19세기에는 지옥이 존재한다는 믿음이 천천히 잠식당했으며, 이런 잠식 현상이 20세기에 들어와 큰 전쟁 같은 사건들을 계기로 더욱 뚜렷한 변화가 일어날 길을 열어 준 것으로 보인다. 만령절로부터 불과 아흐레 뒤가 영연방 전몰자 추념일(제1차 세계대전 중에 전사한 영연방 소속 장병들을 기리는 날. 대전이 1918년 11월 11일에 끝났다—역주)이라는 것은 우연의 일치이기는 하지만, 요즘 교회 전례와 관련하여 등장하는 주장들을 고려하면 중요한 의미가 있다.

이 모든 것은 우리를 어디로 이끄는가? 지난 세기 우리는 많은 주류 교회가 드러내는 신학적 분위기 속에서 슬픈 장면을 목격했다. 많은 사람이 복음을 무시하는 것의 위험성을 분명히 경고한 신약의 내용을 천명하기를 두려워하거나 망설였다. 그 결과, 그들은 신약 성경이 약속한, 죽은 자가 부활하리라는 확실하고 분명한 소망조차 확실하게 말할 수 없는 처지가 되고 말았다. 실제로 일부 사람들이 쓴 글을 읽어 보고 일부 사람들이 합당한 전례라고 여기는 것들을 살펴보라. 적어도 성공회 신자 중 많은 이들이 부활하여 생명을 얻으리라는 확실하고 분명한 소망을 제쳐 두고 이 소망을 기나긴 여정을 돌고 돌아 어디로 가야 할지도 모를 모호하고 희미한 여행으로 바꿔 놓았다고밖에 말할 수 없다. 성공회라는 달콤한 과자도 이 점에서는 입맛이 싹 달아나 버린다.

모든 성도를 위하여
결국 나는 이런 견해에 이르렀다. 세상을 떠난 모든 그리스도인은 그 실질이 동일한 상태, 곧 쉼을 누리는 행복한 상태에 있다. 이것은 그들이 다다를 마지막 운명인 몸의 부활이 아니다. 그저 잠시 쉬는 곳이다. 찬송은 이렇게 표현한다.

> 서쪽에서 황금빛 저녁이 밝게 빛나니,
> 곧, 곧 신실한 군사들에게 쉼이 오리라.
> 복된 자들아, 낙원의 고요가 달콤하구나
> 알렐루야!

그들과 우리는 모두 그리스도 안에 있다. 그러므로 우리는 실로 그들과 함께 성도의 교제를 나눈다. 일단 **사후** 세계를 그린 우리 마음 지도에서 연옥이 남긴 잘못된 자취를 지워 버리면, 우리가 그들을 위해 또한 그들과 함께 기도해야 할 이유가 전혀 없다. 위대한 청교도 신학자인 리처드 백스터(Richard Baxter)가 그렇게 말할 수 있었다면, 우리도 같은 말을 할 수 있다. 백스터는 찬송 "그는 당신의 사랑 받는 친구들을 원하지 않네"(He wants not friends that hath thy love)에 이렇게 썼다.

> 성도들이 나누는 교제 가운데
> 지혜와 안녕과 희락 있으니,
> 내 마음이 쇠하고 약해질 때
> 그들의 온기와 빛이 일으켜 주네.
>
> 우리는 모두 여전히 당신 안에 있으니
> 거리는 멀어도 한 머리 둔 지체들.
> 한 믿음 한 성령으로 인도하사
> 한 가족 안에 거하게 하셨네.
>
> 당신의 보좌 앞에서 매일 만나니
> 함께 어울려 당신께 간구합니다.
> 성령 안에서 다른 이를 영접하고,
> 또다시 서로서로 만나게 되리라.

또 16세기의 위대한 종교개혁자 마르틴 부처(Martin Bucer)도 그의 글에서 이와 똑같이 표현했다.

우리는 우리 주 그리스도가 계신 곳에 있는 복된 성도들, 그리고 성경이나 다른 믿을 만한 기록에 실린 그들의 삶을 가르친다. 그들을 기릴 때는 그들의 하나님이시며 아버지이시고 우리 하나님이시며 아버지이신 분이 우리 모두의 구주이신 분을 통해 그들에게 주신 은혜와 은사가 무엇인지를 회중에게 보여 주는 방식이어야 한다. 우리는 그들로 말미암아 하나님께 감사하며, 한 몸의 지체인 그들과 더불어 그 은혜와 은사들을 기뻐해야 한다. 그리하여 우리는 강하게 감화받아 하나님이 우리 자신에게 베푸신 은혜를 더 크게 확신하고 그 성도들이 보여 준 믿음의 모범을 따라야 한다.

세상을 떠난 성도들을 기억하며 그들에게 감사하고 그들이 보여 준 모범을 따르려고 노력하는 것이 중요하지만, 부처의 말은 그보다 더 많은 것을 담고 있다. 그의 말은 히브리서 11:39-12:2을 상기시킨다.

¹¹:³⁹이 사람들은 모두 믿음으로 말미암아 인정을 얻었으나 약속을 받지 못하였으니, ⁴⁰이는 하나님이 우리를 위하여 더 좋은 것을 공급하사 그들이 우리를 떠나 완전함에 이르지 못하게 하려 하심이라. ¹²:¹그렇다면 우리는 어떠한가? 우리에게는 큰 구름처럼 우리를 에워싼 증인들이 있도다! 우리가 해야 할 일은 이것이니, 우리는 각자 무거운 것과 우리 길을 너무도 쉽사리 방해하는 죄를 벗어 버려야 한다. 우리는 우리 앞에

놓인 경주를 하되, 인내하며 달려야 한다. ²우리는 예수를 바라보아야 한다.(저자 사역)

우리는 여기에 동방정교회가 강조하는 내용(우리가 있어야 옛 성도들이 완전함에 이른다는 내용)이 들어 있음을 주목한다. 물론 히브리서가 말하는 이들은 구약의 성도들이다. 또한 우리는 그 성도들이 아무리 중요해도, 우리를 에워싼 성도들이 아무리 많아도, 우리는 지금도 예수님만 바라본다는 말에 주목한다.

나는 신약 성경에서 현재 낙원/하늘에 있는 이들이 현세를 살아가는 우리를 위한 기도에 적극 참여하고 있음을 시사하는 말을 전혀 찾을 수가 없다. 또 우리가 그들에게 그렇게 해 달라고 요청해야 한다는 말도 없다. 나는 여기서 교회의 한 큰 분파가 경건히 지키는 습관들의 예민한 신경을 건드리고 있다. 그러나 이런 관점은 잘 새겨 볼 가치가 있다.

만일 그 성도들에게 의식이 있다면, 그들이 '그리스도와 함께' 있되 바울이 암시한 대로 그 순간에는 우리 자신보다 그리스도께 더 가까이 있다면, 그들이 요한계시록에 나오는 제단 아래 영혼들처럼 적어도 아버지께 세상에서 정의로운 일과 구원을 완전히 이루어 주시도록 촉구하고 있다고 보아야 하는 것이 사실이다. 그렇다면, 원칙상 그들이 우리를 위하여 아버지께 비슷한 간구를 올리지 말아야 할 이유가 전혀 없다. 그러나 나는 초기 기독교 문헌에서도 그들이 실제로 그리한다고 시사하거나, 말하자면 우리가 그들에게 그렇게 해 달라고 특별히 간구해야 한다고 시사하는 표지를 전혀 발견하지 못했다. 마찬가지로 원칙상 우리가 그들을 위해 기도해야 할 이유도 분명 없다. 그들을 연옥에서 벗어나게 해주려고 기도해야 할 이유도 없지만, 그들이 새로워지고 그들에게 하나님의 기쁨과 평강이 가득하도록 기도할 이유도 물론 없다. 하지만 사랑이 기도의 일부가 되고, 우리가 지금도 그들을 사랑한다면, 그런 사랑으로 그들을 하나님 앞에 데려갈 수 있지 않을까?

나는 방금 단정지어 말하기보다 조심스럽게 질문했다. 그러나 그 성도들을 부르며 우리 대신 간구해 달라고 올리는 기도에는 나를 특히 심히 불편하게 만드는 측면이 하나 있다. 나는 그런 관습이 신약 성경이 거듭 약속한 어떤 것을 기초부터 무너뜨리거나 실제로 은연중에 부인한다고 본다. 그 어떤 것이란, 성도는 예수 그리스도를 통해 성령 안에서 하나님께 곧바로 나아간다는 것이다. 신약 성경의 가장 위대한 몇몇 본문을 읽어 보면, 이를테면 요한복음 13-17장의 고별 담화나 바울이 쓴 로마서의 위대한 중심부(5-8장)를 읽어 보면, 그리스도와 성령을 인하여 그리스도인 한 사람 한 사람이 어느 때나 아버지 앞에 거리낌 없이 나아갈 수 있다는 분명한 메시지가 거듭 나온다. 그러면 왕이 보좌 있는 방에서 기꺼이 여러분을 영접해 주신다는 말이다. 이런 일이 여러분 마음과 생각에는 큰 일일 수도 있고 작은 일일 수도 있겠지만, 왕이 그리하신다면 굳이 보좌 있는 방 바깥 로비를 돌아다니며 고명한 인사든 아니든 여러분 대신 그 방으로 들어가서 왕께 간청해 줄 누군가를 찾아 붙들고 설득하느라 애간장 태울 필요가 없지 않은가? 우리는 그리스도로 말미암아 한 성령 안에서 아버지께 나아감을 얻었다(엡 2:18). 바울이 새로 회심한 이방인들에게 이 말을 할 수 있었다면, 그는 분명 오늘날 우리에게도 이 말을 할 수 있다. 심지어 은연중에라도 이를 부인하는 것은, 복음이 주는 중요한 복과 특권 중 하나에 의문을 제기하는 것이다. 히브리서의 전체 요지는 예수 그리스도가 몸소 '궁정에서 우리를 대변하시고' '하늘에서 우리를 대변하신다'는 것이다. 바울은 로마서 8장에서 예수님이 우리를 위해 중보하신다고 말한다. 그런데 우리에게 누가 더 필요하겠는가?

성경의 이런 견고한 근거를 벗어나면, 후대 전통들이 어떤 주장을 하더라도, 우리는 늘 위험에 빠지게 된다. 세상을 떠난 성도들을 부르며 명백히 그 이름으로 간구하는 것은 사실상 이교도와 다름없는 길로 가는 것일 수 있다. 늘 그런 것은 아니지만 그럴 가능성이 있다. 종교개혁자들이 두려워했던 것이 바로 그것이었다. 고대 로마 말기 세계에서는 겹겹이 장엄하게 쌓여 있는 신과 주(lords), 반신(半神)과 영웅들이 주는 집단 상상을 없애 버리기가 어려웠다. 그것은 족히 천 년이 넘는 세월 동안 그 문화에서 쌓이고 쌓여 온 것들이었다. 2세기 교회는 순교자들을 그리스도가 죽음을 이기신 것을 목격한 특별한 증인들로 여겨 숭배하기 시작했는데, 이는 충분히 이해할 수 있는 일이다. 일찍이 요한계시록도 이 순교자들을 특별하게 보았기 때문이다. 기독교가 든든히 자리를 잡고 핍박이 그치자, 순교하지 않았으나 다른 이유로 명성을 얻은 그리스도인들을 '숭배' 대상으로 교회가 지명하는 데는 오랜 시간이 걸리지 않았다. 그러나 내 눈에는 그런 사람들 사이에 위계 구조를 세우고, 그들을 숭배받을 사람으로 지명하는 정교한 시스템(성도가 죽은 후 성인으로 추대하는 시성 같은 것들)을 세우는 모든 과정은 크게 핵심을 벗어난 일 같다.

결국 나는 이렇게 제안한다. 나는 중세 교회처럼 교회를 셋으로(승리한 교회, 대망하는 교회, 싸우는 교회로) 나누어 볼 것이 아니라, 오직 둘로 보는 것이 옳다고 믿는다. 하늘/낙원에 있는 교회는 승리한 교회이자 대망하는 교회다. 나는 모든 사람이 이 결론에 동의하리라고 예상하지는 않지만, 성경을 정직하게 찾아보고 내가 말한 것들이 그러한지 살펴보도록 독려하고 싶다.

지옥

그렇다면 지옥은 뭐라고 말해야 할까? 얼마 전, 내가 쓴 저작에서

가려 뽑아 인용한 것을 근거로 나를 보편구원론자라고, 즉 아돌프 히틀러와 오사마 빈 라덴을 포함하여 모든 사람이 구원을 받을 것으로 믿는 사람이라며 반가워하는 인사를 받았다. 하지만 나는 그런 입장을 취하지도 않고, 그런 입장을 취한 적도 없다. 신약 성경에는 실제로 최후에 구원을 얻지 못할 이들이 있을 수 있다고 진지하고 엄숙하게 경고하는 내용이 가득하다. 나는 이런 내용들을, 실제로 조만간 다가올 구원으로 들어갈 시간을 앞둔 우리를 놀라게 하려고 쓴 수사(修辭)쯤으로 생각하지 않는다. 사실 나는 중세에 연옥이 했던 일을 우리 시대에는 보편구원론이 하고 있다고 생각한다. 통상 보편구원론은 세상의 시간을 모두 소유하신 하나님께 불신자가 죽은 뒤 마침내 복음을 받아들일 때까지 여러 각도에서 계속 복음을 전해 주시도록 간청할 것을 주장한다. 즉, 보편구원론은 현세의 삶에서 다루어야 할 도전과 결정에서 시선을 돌려 미래를 응시하게 한다.

물론 신약 성경은 영광스러운 미래를 내다보는 위대한 약속도 함께 제시한다. 로마서 5장과 8장은 온 우주를 화목케 하시고 자유롭게 해주시는 하나님의 자비가 얼마나 광대한지 말한다. 이 말씀을 듣노라면 적은 무리의 사람들만 구원을 얻고 대다수 사람들은 멸망을 당하는 그런 일은 없을 것 같다. 어쨌든 우리는 어느 매듭도 잘라 내지 말고 모든 것을 함께 묶어야 한다. 이를테면 우리는 새 예루살렘, 새 하늘과 새 땅을 놀랍고 감명 깊게 묘사한 장면에서도 여전히 '바깥'에 있는 일부 사람들을 발견한다(계 21, 22장). 그들은 개와 점술가와 음행하는 자와 살인자와 우상숭배자와 거짓말하는 자들이다(계 22:15). 21:8을 보면, 이와 비슷한 무리가 불못에 던져지는데, 요한계시록은 이를 "둘째 죽음"으로 묘사한다. 우리가 어떤 이들은 위험에 처할 수 있음을 시사하는 말을 일체 삼간 채, 모든 이에게 좋은 말을 해주고 싶은 엄청난 욕망에 부응하려고 우리 신학을 바꾸었다는 비난을 듣지 않는 한, 이런 본문—그리고 바울 서신과 다른 곳에 있는 많은 비슷한 본문—을 무시할 수는 없을 것이다. 마찬가지로 우리는 요한계시록 22장이 말하는 새 예루살렘에서 생명수의 강이 흘러나오고, 그 강 옆에는 생명나무라는 나무들이 자라며, 그 나뭇잎들은 민국을 치료할 것임을 되새겨야 한다. 여기에는 우리가 단순한 공식들로 축소해서는 안 될 신비가 있다.

지난 두 세기 동안 슬금슬금 다가온 자유주의와 함께, 성경이 암시하는 이런 내용들은 서양 주류 기독교에서 보편구원론이 엄청난 인기를 얻게 한 원인이 되었다. 지금까지 으레 이런 보편구원론과 영혼이 의식이 있는 상태에서 영원히 고통당한다는 전통적인 가르침이 대립해 왔으며, 그 중간에 '조건론자'들의 주장이 자리해 있었다. '조건론자'는 인간이 본디 죽을 수밖에 없으며, 오직 구원받은 자들에게만 영생이 허락되었으므로 다른 나머지 사람들은 말 그대로 살

라져 없어질 것이라고 가르친다. 이런 가르침은 이 책 서문에서 언급한 성공회 보고서 「구원의 신비」가 취하는 입장과 비슷하다.

나는 예부터 내려온 이 세 견해 중 어느 것도 완전히 만족스럽지 않다고 본다. 하지만 나는 좀 다른 형태의 조건론이라면 우리가 취할 수 있는 가장 좋은 견해가 될 수 있으리라고 생각한다. 물론 우리는 누가 결국 구원을 얻을 것인가는 하나님께 달린 문제요 오직 하나님만이 결정하신다는 것을 강조해야 한다. 또한 우리가 히틀러와 빈 라덴을 포함하여 어떤 사람들을 두고 그들이 구원을 얻을지 말할 때는, 그들이 이제까지 사악한 길을 걸어 왔으니 구원을 얻지 못하리라고 확실하게 말할 수는 없다는 것을 강조해야 한다. 그러나 나는 지금도 많은 사람이 비참한 종말에 이르는 길을 걸어가고 있음을 인정한다. 그들이 당할 운명을 어떻게 생각하는 것이 현명하고 성경에 합당할까?

성경이 인간에 대해 말하는 중심 사실은 인간이 하나님의 형상을 지녔다는 것이다(창 1:26-28 등). 나는 이를 사람이 날 때부터 가진 특성이자 **소명**으로 이해한다. 사람은 그를 지으신 분을 예배하고 사랑하며 세상에 그분의 형상을 드러내라는 부르심을 받았다. 하지만 사람들은 이 창조주를 예배하고 사랑하지 않고, 오히려 창조주가 아닌 것, 즉 영이든 물질이든 피조물에 속한 것을 예배하고 사랑하면서 그분을 떠났다. 그러나 사람은 하나님을 예배할 때만 순전한 인간으로서 그분의 형상을 유지할 수 있다. 사람이 하나님께 의지하는 것이야말로 그 생명과 인격을 지키는 길이다. 이와 달리 다른 피조물들은 썩고 죽을 수밖에 없다. 우리가 만일 생명을 주시는 하나님을 예배하지 않고 피조물을 예배하거나 피조물 일부를 예배한다면, 그것은 우리 자신에게 생명이 아니라 죽음을 안겨 줄 것이다.

이는 한 가지 가능성을 열어 놓는다. 즉 하나님 아닌 것을 계속하여 굳건한 의지를 품고 예배하는 사람은 결국 하나님의 형상을 완전히 잃어버릴 수 있다. 그런 피조물은 말하자면 한때 인간이었으나 지금은 인간이 아닌 존재, 한때는 하나님의 형상을 지녔으나 이제는 지니지 않고 더 이상 지닐 수도 없는 피조물이 될 것이다. 나는 사람에게 창조주가 아니라 피조물을 예배하는 쪽을 택할 자유(어떤 이들은 심지어 이를 '권리'라고 말하려 하지만, '권리'라는 말은 이 지점에서 쓰기 어려운 말이라고 생각한다)가 있다고 믿는다. 사람을 지으시고 사람을 사랑하시는 하나님은 사람에게 그런 자유도 주신다. 사람이 그런 자유를 그릇 사용할지라도 하나님은 그런 자유를 주신다. 신약 성경은 그렇게 자유를 그릇 사용한 길로 나아가는 이들이 일부, 아니 어쩌면 많이 있음을 강하게 지시한다.

나는 자유주의 주류는 바로 그런 생각에 비명을 지르며 항의하리라는 것을 잘 안다. 그러나 나는 바로 이 자유주의가 악이 실제 얼마나 심각한지를 알아차리지 못하고도 늘 태연자약했다는 것도 잘 안다. 바르트는 자유주의를 따르던 그의 스승들이 정립한 탁상공론이 플랑드르의 참호에서 무너져 내리는 것을 보았다(제1차 세계대전 당시, 영국과 프랑스를 포함한 연합국과 독일을 포함한 추축국은 플랑드르 지역에서 참호를 파고 오랜 전투를 벌였다—역주). 마찬가지로 우리도 어쩌면 이 새 세기에 악의 실체를 똑똑히 알고 기독교 신앙의 뿌리를 새롭게 다질 준비를 함으로써 악이란 것이 얼마나 심각하고 위험한지, 하나님은 그 악을 두고 무슨 일을 행하셨으며 무슨 일을 행하고 계신지, 우리 인간은 그 그림 어디에 속해 있는지를 더 분명하게 이해해야 할지도 모른다.

나는 이 주제를 마치면서 누구는 구원받고 누구는 구원받지 못하는 것이 우리 소관이 아님을 다시 강조한다. 근본주의자처럼 자신과 같은 유형의 그리스도인만이 진짜요 다른 모든 이는 거짓이며 지옥을 향해 가는 자라고 오만을 부리는 이들이 있다. 그러나 우리는 실상 이 지점에서는 말을 삼가야 한다. 모든 사람이 틀림없이 '구원을 얻으리라'고 기쁘게 추정할 수 있고, 그렇기 때문에 성경과 전통이 제시하는 경고들은 조용히 한쪽으로 제쳐 놓을 수 있다는 주장을 하는 것 역시 오만하다. 이 역시 그들 나름의 방식으로 오만을 부리는 점에서는 근본주의자들과 매한가지다. 실제로 이를 말하는 것은 성경과 전통만이 아니다. 어쩌면 이성 자체도 그것을 일러 줄 것이다. 즉, 하나님이 정녕 천하를 다스리신다면, 또한 하나님이 정녕 자신이 지으신 사람들에게 우리 자신이 가진 것으로 느끼는 자유, 하나님 자신의 뜻과 자신의 길을 거부할 자유를 주셨다면, 마지막 심판에는 그 자유를 행사한 사람들이 결국 자기 비용으로 그 손실을 감당하는 것도 포함되리라는 것을 일러 줄 것이다.

    이 모든 내용을 보면서 우리는 결국 이런 질문에 이른다. 그렇다면 우리는 세상을 떠난 신자들을 어떻게 기려야 하는가?

3장

모든 성도, 모든 영혼 그리고 모든 것

넘침은 모자람만 못하다: 이중 기림이 초래하는 위험

3장에서는 초점을 좁혀 보겠다. 몇몇 주류 교회는 '만성절' 같은 날을 지키고, 어떤 경우에는 '만령절'을 지킨다. 어떻게 하면 우리가 행하는 전례들을 우리가 살펴보아 온 기독교의 심오한 진리를 반영하고 선양할 수 있도록 규율할 수 있을까?

내가 마지막으로 일했던 두 교회는, 영국과 세계 전역의 다른 많은 교회들처럼, 매해 11월 2일을 '만령 추념일'(Commemoration of All Souls)로 정했다. 나는 그 연례 행사에 몇 번 참석했지만, 수 년 전, 양심상 더 이상 참석하지 않기로 결정했다. 그 추념 행사는 온갖 잘못된 점들을 강조한다. 심지어 만령 추념일이 있다는 것 자체가 만성절 자체를 일그러뜨린다. 추념일을 하나 더 덧붙임으로써 처음 것(만성절)을 축소시켜 버렸다. 넘침은 모자람만 못하다. 나는 근래 대중의 눈높이에 맞춰 이 새 관습이 등장하게 된 연유를 분명하게 제시한 성공회의 한 출판물을 빌려 이 추념일의 등장 경위를 설명해 보겠다.

1991년 「그의 영광의 약속」[6]이라는 제목이 붙은 작은 책이 출간되었다. 이 책은 만성절(11월 1일)부터 성촉절(聖燭節, Candlemas, 2월 2일)에 이르는 기간에 올릴 기도와 읽을 본문을 제시한다. 나는 이 책이 비슷한 몇 가지 책처럼 거의 모든 면에서 아주 유익하고 가치가 있다고 본다. 그러나 다음과 같은 점에서 이 책에 큰 실망을 느낀다. 이 책은 설명을 담은 서론에서 만령절이 "오직 하나님만이 우리를 사망에서 건져 살려 내시고 우리의 어둠 가운데 빛을 비춰 주실 능력을 지닌 분이심을 믿는 진지한 확신을 간혹 대신하는 강요된 환락을 적절히 교정해 준다"고 역설한다. 또 이 책은 만성절과 만령절을 "모두 기림으로써 많은 사람이 도움을 얻는다"(5쪽)고 주장한다. 더구나 뒷부분에 가서는 죽은 이들을 몇 개 범주로 깔끔하게 나눌 수 있다는 생각이 위험하다는 것을 인정하면서도 이렇게 말한다.

> 심리 면에서나 전례 면에서, 믿음의 영웅이 아니라 우리 자신이 잘 아는 고인들을 기리는 날로 여길 날, 사람의 슬픔과 연약함을 만성절처럼 위대한 영웅들의 승리를 기리는 자리에서는 찾아볼 수 없는 방식으로 다독여 줄 날이 필요하다(p. 47).

나는 이런 주장이 근거가 희박하고, 타당하지 않은 논리 전개를 거쳐 부당한 결론에 이른 것이라고 본다. 성공회가 정말 "강요된 환락"이라는 위험에 빠져 있는가? 나도 그렇게 보고 싶다! 성공회의 많은 예배 의식은 강요된 엄숙함이라고 묘사하는 편이 나을 것이다. 만일 "사람들이 손을 들고 흔들며 할렐루야 하고 외치는 교회들이 있지요"라는 대답이 나온다면, 그 대답은 명백하다. 그들은 십중팔구 모든 성도를 기리지 않으며, 분명 모든 성도를 추념하지도 않는다. 만일 사람들이 만성절과 만령절이 도움이 된다고 본다면, 나는 많은 사람이 그렇게 볼 수 있음을 잘 알지만, 그래도 나는 우리 모두가 복음이 얼마나 경이로운 것인지 잊어버렸기 때문에 그리 보는 것이라고 정중하게 주장하련다. 즉 '우리가 잘 아는 고인들'이 베드로와 바울과 마리아와 야고보와 요한 같은 이들과 똑같은 '믿음의 영웅'임을 잊어버렸기 때문이다. '위대한 인물들'이 위대한 이유는 바로 그들도 인간의 슬픔과 연약함을 알았기 때문이다. 이 이중 추념은 소위 평범한 그리스도인과 소위 '위대한 인물'을 갈라놓되, 이 '위대한 인물'들부터 인정하지 않았을 방법으로 갈라놓는다. 빌립보서 3장에 나오는 바울을 생각해 보라. 베드로를 생각해 보라. 우리는 이렇게 두 날을 잇달아 추념일로 정함으로써 타당하지도 않고 성경에도 없는 가르침을 우리 레퍼토리에 추가하게 되었다. 그뿐 아니라 우리는 경이롭고 성경에 합당하며 영광스러운 만성절을 **우리와 다른 사람들**, 지난 주에 암으로 세상을 떠난 친구와 다른 사람들, 어제 수단에서 순교한 사람들과 다른 사람들을 칭송하는 거리감 있는 날로 바꾸어 놓았다.

여러분은 이런 이중 추념이 그들을 위하여 만든 전례 제도 속에서 얼마나 말이 안 되는 일을 만들어 내고 있는지 볼 수 있다. 몇 년 전, 우리는 당시 내가 일하던 교회에서 만성절에 위대한 찬송인

"모든 성도 위하여" 가사 중 단 네 절만 불렀다(이 찬송은 이 책 앞부분에 실어 놓았다). 우리는 낙원을 노래하는 절은 불렀지만, 승리한 성도들이 "환하게 줄지어 부활할" "더 영광스러운 날"을 노래하는 절은 부르지 않았다. 그러나 여러분이 이중 추념일을 지킨다면, 낙원—중간 상태—은 이미 그곳에 가 있는 이들과 관련이 있는 것이 아니라 모든 영혼과 관련된 것, 현재 그곳으로 가고 있어서 아직 그곳에 이르지 못한 이들을 노래하는 것이 되고 만다.

한편 요즘 만령절을 기리는 자리에서 부를 찬송으로 찾을 법한 것은 십중팔구 그 의미가 모호한 빅토리아 시대의 찬송일 것이다. 이런 찬송은 사실 연옥이라는 말을 꺼내지 않고 말하지도 않으면서 연옥을 암시한다. 요즘 성공회 방식으로 행하는 기념 예배는 모든 요소가 다 그렇다. 좋은 예가 에드먼드 파머(Edmund Palmer)가 쓴 찬송 "마리아의 아들 예수"인데, 이 찬송에는 다음과 같은 연이 있다.

> 악이 남긴 모든 흔적,
> 연약함과 부패일세.
> 선하고 자비하신 구주가
> 말끔히 씻어 주시네.

그들을 앞으로, 위로 이끄시네.

그 거룩한 곳으로.

당신의 성도들이 완전해지고

당신을 대면하는 곳으로.

이것이 바로 사람들이 성경과 성경이 제시하는 분명하고 풍성한 가르침에서 벗어날 때 드러내는 정서다. 하지만 사실 만령절의 근거로 제시되는 성경 본문들은 감춰진 비밀을 드러내고 만다(「그의 영광의 약속」, pp. 75-77). 성경에는 이런 기념의 밑바탕에 깔려 있다고 생각하는 신학을 지지하는 적절한 본문이 전혀 없다. 따라서 전례학자들은 모호한 절반의 구원이 아니라 그리스도인의 영광스러운 소망을 말하는 교훈들을 따를 수밖에 없다. 두 가지 예를 들어 본다. 요한복음 5:19-25도 부활을 말한다. 그것도 아주 놀랍게. 베드로전서 1:3-9은 연옥에서 보내는 시간이 아니라 구원과 부활이라는 영광스러운 약속을 말한다. (내가 다른 곳에서 주장했듯이, 우리가 유념해야 할 것이 있다. 베드로전서 1:4은 구원이 "너희를 위하여 하늘에 간직"되어 있다고 말한다. 이 말은 여러분이 '하늘로 가야' 구원을 얻는다는 뜻이 아니다. 내가 "식품 저장실에 케이크가 있다"고 말한다 하자. 이 말은 우리 가족이 식품 저장실로 가야 그 케이크를 먹을 수 있다는 뜻이 아니다. 이것은 말 그대로 우리가 그 케이크를 식품 저장실에서 꺼내다가 맛있게 먹을 때까지 케이크는 그곳에 안전하고 신선하게 보관되어 있다는 말이다. 구원이 "하늘에 간직"되어 있다는 것은 하나님이 새 하늘과 새 땅, 구속받은 새 몸을 계획해 두셨다는 말이다. 그리고 이 계획은 하나님의 저장고인 '하늘'에 안전하고 신선하게 자리해 있다.) 이런 본문들은 더 있다. 이들은 완성된 그리스도인의 소망을 인정하고 강조하지, 만령절을 설명하려는 신학―설령 성경에 그런 신학이 있다 해도(애초에 성경에는 그런 신학이 없지만)―을 인정하고 강조하는 것이 아니다. 또 소망을 부정하는 것으로 들리는 주제가 있을지라도, 그것은 부활하여 심판을 받으리라는 경고다. 그러나 우리에게는 이미 마지막 때 있을 일에 할애해야 하는 연례 절기, 즉 대림절(Advent)이 있다. 이는 다음 장에서 다루겠다.

결국 만령절에 모든 영혼을 생각하여 예배를 올려야 한다는 말은, 장례 예배 자체가 실은 무용지물임을 암시한다. 「그의 영광의 약속」(p. 80, 15항)이 제시하는 기도 하나는 장례식 기도를 거듭 반복하는 것처럼 들린다("우리가 기도하오니, 당신 우리에 있는 양, 당신의 양떼 중에 있는 어린 양, 당신이 몸소 구속하신 죄인을 인정해 주소서"). 물론 애통하는 이에게는 슬픔을 표현할 기회가 있어야 한다. 그러나 죽은 이를 하나님께 맡기는 일은 장례식 때 해야 할 일이다. 비록 장례식 때 작별 인사를 하는 것이 마음 아프더라도, 작별 인사는 그때 해야 한다. 슬픔과 감사와 그리스도인의 소망을 품고 세상을 떠난 이들을 기억하는 날은, 연옥을 말하거나 건전한 모양으로 바꾼 현대식 대응물을 말하는 날이 아니라 바로 부활절이다. 그것이 바로 많은 교회가 오랜 세월 지켜 온 현명한 관습이다. (우연이겠지만 그러한 관습-이를테면 특별한 사람들을 기념하여 교회를 백합으로 장식하는 관습-은 부활절이 어두운 고난 주간이 지난 뒤 시시한 '해피엔드'가 되지 않게 해준다.) 이런 기념일을 다른 날로 바꾸는 것은 사실상 부활절이 안겨 준 견고한 소망에서 떠나는 것이다. 지난 수 세대에 걸쳐 주류 교회가 부활을 얼마나 가벼이 여겨 왔는지 생각해 보면 이런 일은 놀랄 일도 아니다. 이런 행태는 온갖 그릇된 이유를 갖다 붙이면서 노쇠해 버린 관습과 신학을 되살리려는 변명처럼 보인다.

사실 만령절을 지키는 것, 특히 지금과 같은 방식으로 지키는 것은, 보통 그리스도인들에게-우리는 모두 보통 그리스도인들이다-복음이 안겨 준 견고하고 장엄한 소망, 곧 세례받은 모든 신자, 지금 그리스도 안에 있는 모든 이, 성령이 내주하시는 모든 이는 이미 '성도'라는 것을 부인하는 것이다. 만령절의 이 모든 음울함은 어디서 왔는가? 우리는, 바울이 데살로니가전서 4:13에서 가르친 대로, 소망을 지닌 사람처럼 슬퍼하는 것이 아니라, 소망 없는 사람처럼 슬퍼할 위험에 빠져 있지 않은가? 소망 있는 슬픔과 소망 없는 슬픔 사이에는 하늘과 땅만큼이나 큰 차이가 있다. 만성절이 소망 있는 슬픔을 가진 이에게 용기를 준다면, 만령절은 자칫하면 소망 없는 슬픔을 가진 자를 부추길 수 있다. 많은 교회는 만령절이 되면 제단 앞에 검은 휘장을 드리운다. 이런 생각은 어디에서 나온 것인가? 왜 이 예배를 엄숙한 정적 속에 마쳐야 하는가? 왜 우리는 우리 벗들과 사랑하는 이들을 생각한다면서 "진노의 날"(Dies Irae)을 불러야 하는가? 그리스도 예수 안에 있는 이들에게는 아무런 정죄가 없는 것이 사실이라면, 그런 노래를 부를 이유가 없지 않은가? 심지어 이제는 로마가톨릭에서도 "진노의 날"이 선택곡이 되었건만, 많은 성공회 교회가 그 곡을 채택하다니! 복음은 대체 어디로 갔는가?

「그의 영광의 약속」(p. 81)은 이 기념일에 쓸 '추가 기도'를 제시한다. 그 기도는 이렇게 시작한다. "주여, 우리가 당신의 복음을 받아 이해함으로써, 이 어둠에서 빛을 찾고, 우리의 의심 속에서 믿음을 찾고, 당신이 주신 구원의 말씀으로 서로 위로할 수 있게 도와주소서." 나는, 우리가 실제로 이 기도로 기도한다면, 우리가 영광스러운 아침에 깨어날 때 만령절 자체가 악몽처럼 사라질 것이라고 본다. 복음의 빛, 그 복음이 만들어 내는 믿음과 위로는 이 기념일이 말하거나 암시하는 것에서 멀찌감치 떨어져 있다. 신약 성경이 분명하게 밝혀 둔 그리스도인의 소망은, 여러분이 오늘 세상을 뜨더라도 이처럼 암울하고 어쩌면 고통스러울 수도 있는 대기실에서 어두운 회중 가운데 있지 않으리라는 것이다. 여러분은 끝이 보이지 않고 가파르며 험한 길을 따라 한 걸음 더 나아가지 않아도 된다. 여러분은 곧바로 그리스도와 더불어 낙원에 있을 것이다. 또한 여러분은 그분을 뵈면, 가련한 제론티우스처럼 "날 데려다 줘요"라고 소리치지 않을 것이다. 여러분은 바울처럼 "훨씬 더 좋은 일을 겪으리니, 곧 그리스도와 함께 있는, 훨씬 더 좋은 일"을 겪을 것이다. 훌륭한 성탄 찬송을 생각해 보라.

또 우리 눈이 마침내 그를 뵈리니
몸소 구속하신 그 사랑 때문이라.

그리스도 안에 있는 하나님의 사랑을 이미 아는 이들이 "나를 사랑하시고 나를 위하여 자신을 내주신"(갈 2:20) 분을 대면하여 뵐 일을 생각하며 불길한 예감을 느낄 수 있겠는가?

4장

왕이신 그리스도와 '왕국절'

왕국절?

교회 전례력은 고대 관습에 뿌리를 둔다. 이 전례력은 예수님의 생애에 일어난 핵심 사건들의 이야기를 따른다. 성탄절에는 예수님이 나셨고, 수난 금요일에는 죽으셨고, 부활절에는 부활하셨고, 40일 뒤에는 승천하셨으며, 오순절(성령강림절)에는 성령을 보내셨다.

이런 순서에 더해, 교회는 고대 관습을 따라 대림절과 사순절을 넣었다. 대림절은 성탄절 전에 미리 준비할 네 주일을 정한다. 또한 이스라엘과 온 세상이 성탄절에 오신 예수님을 맞이할 준비를 하고 교회와 온 세상이 그분의 마지막 재림을 준비해야 한다는 것을 함께 일깨워 준다. 고난주간에 이르기까지 40일을 참회하며 보내는 사순절은 예수님이 십자가에 달리신 금요일에 그 절정에 이르며, 공생애 사역을 시작하실 때 광야에서 금식하며 보내신 40일을 되새기게 한다. 예로부터 대림절과 사순절은 참회하며 이 사건들이 가리키는 두려운 일들을 준비하는 절기였다.

교회는 또 다른 중요한 순간들을 더했다. 공현절(公顯節, Epiphany, 예수님이 비유대인 세계에 자신을 나타내신 일)은 동방에서 온 현자들이 아기 예수님을 찾아온 마태복음 2장 사건을 기린다. 성촉절(예수님이 성전에 모습을 드러내신 일)은 누가복음 2장에 있는 시므온의 노래에서 '빛'이라는 주제를 가져온다("이방을 비추는 빛"). 다른 절기도 있다. 또 다른 차원을 보면, 서방 교회는 오랫

동안 오순절 뒤의 주일을 삼위일체 주일(Trinity Sunday)로 지켜 왔다. 이를 통해 서방 교회는 하나님이 예수님의 생애 중에 일어난 사건들과 하나님 자신의 영을 보내셔서 당신 자신을 완전히 계시하셨음을 기린다.

결국 그리스도인에게는 거룩한 날이나 절기를 지켜야 할 의무가 없다. 바울은 갈라디아 사람들에게 유대교 전례력을 따르지 말라고 경고한다(갈 4:10). 바울은 다른 곳에서 그렇게 특별한 날을 지키는 이들도 주를 공경하고자 지키는 것이요, 모든 날을 똑같이 여기는 이들도 주를 높이고자 그리하는 것이라고 선언한다(롬 14:5-6). 그러나 많은 교회는 전통 방식대로 전례력을 따르는 것이 복음과 성경과 그리스도인의 삶을 가르치고 삶으로 살아 내게 해줄 견고한 틀이 된다는 것을 발견했다. 성경은 우리에게 위대한 이야기, 확장적이고 복잡한 내러티브를 제시하면서, 그 이야기와 내러티브 안으로 들어와 그것을 우리 것으로 삼으라고 초대한다. 성경의 핵심 중 핵심인 복음서 역시 우리에게 예수님에 관한 지식을 알려주고 우리가 살아갈 내러티브, 우리가 우리 자신의 것으로 삼아야 할 이야기를 제공할 목적으로 이야기를 들려준다. 이것은 우리가 하나님이 우리를 불러 삼으신 그 백성이 될 수 있는 한 가지 방법이다. 전통으로 지켜 온 교회력은 성경이 제시하는 목표를 실현할 수 있는 수단으로서 그 뿌리가 깊으며 오랜 검증을 거쳐 나온 것이다.

물론 오랜 세월에 걸쳐 성장해 온 많은 관습처럼, 전통 교회력에도 비판할 점이 몇 가지 있다. 특히 전통 교회력은 예수님의 탄생과 유년기 사건들(성탄절, 공현절, 성촉절)에서, 예수님이 공생애 사역을 시작하실 때 일어난 일을 기리는 절기(사순절)를 거쳐, 곧바로 그분이 사신 마지막 주간으로 번개처럼 달려간다. 이것은 예수님의 탄생에서 곧바로 그분의 죽음으로 비약하는 전통 신앙고백을 그대로 보여 준다("동정녀 마리아에게 나시고 본디오 빌라도에게 고난을 받으사"). 나는 많은 글에서 이런 교회력이 예수님의 공생애를, 특히 예수님이 하나님 나라를 선포하신 것을 제대로 반영하지 못하고 있다고 주장했다. 실제로 교회력은 네 복음서를 제대로 반영하지 못한다.

예수님의 공생애는 철저히 하나님 나라를 알려 주신 것이었다. 예수님은 자신의 삶으로 또한 자신에게 다가오는 죽음을 통해 이스라엘의 하나님이 새로운 방식으로 왕이 되셨음을 몸으로 나타내 보이시고 수행하시며 선언하셨다. 그분은 먼저 치유와 잔치를 통해, 뒤이어 온 세상에 선포하심을 통해, 이 하나님이 예수님 안에서 그리고 예수님을 통해서 이제 온 창조 세계를 하나님 자신의 소유라 주장하신다는 것을 증언하셨다. "또 다른 왕, 곧 예수"가 계셨다. 바울도 그것을 말했다가 고발당했다(행 17:7). 학자들은 '하나님 나라'라는 문구가 예수님 당시에 실제로 무슨 의미였는지, 특히 예수님이 몸소 말씀하신 '하나님 나라'가 무슨 의미였는지 탐구했다. 그 덕분에 지난 50년간 이 '하나님 나라'라는 문구에 관한 우리의 이해는 급속도로 성장했다. (나는 이 모든 내용을 「예수와 하나님의 승리」, 그리고 「역사적 예수의 도전」[7]에서 내 나름대로 설명해 보려고 애썼다.)

이 '하나님 나라' 분석 일부는 지금도 논쟁 중이지만, 그래도 이 분석 때문에 더 오래된 해석 하나를 완전히 배제하게 되었다. 사람들은 과거 빈번히 이 '하나님 나라' 혹은 마태복음이 말하는 '하늘 나라'가 하나님 백성이 죽은 뒤에 가는 어떤 장소, 곧 '하늘'을 뜻한다고 생각하거나 추정했다. 그리하여 독자들은 여러 세대 동안 예수님이 '하늘 나라를 유업으로 받는 것'을 언급하신 말씀을 보면서 현재 상태를 바꿔 놓을 미래 상태를 말씀하시는 것이 아니라 개인이 죽은 뒤에 가게 될, 이미 존재하는 장소 혹은 그들에게 허락된 어떤 상태를 말씀하시는 것이라고 추측했다.

그러나 1세기 유대교는 물론이요 특히 예수님이 선포하신 내용을 보아도 '하나님 나라' 혹은 '하늘 나라'라는 말의 의미는 결코 그렇게 볼 수 없다. 요컨대 예수님은 제자들에게 하나님 나라가 하늘에 있는 것처럼 **땅에도** 임하게 해 달라고 기도하도록 가르치셨다. 신약 성경에서 하나님 나라라는 말은 늘 어떤 **장소**가 아니라, 어떤 **사실**을 가리킨다. 즉 하나님이 다스리시는 장소('하늘')가 아니라, 하나님이 왕으로서 다스리신다는 사실을 가리킨다. 이 나라—어쩌면 왕권(King*ship*)이라는 말이 나올지도 모르겠다—는 예수님 시대에 많은 유대인이 갈망하던 것이지만, 일부 사람들처럼 '죽어서 하늘로 간다'는 식으로 갈망한 것이 아니라, 약자를 억압하는 폭군을 없애고 현명하고 의로우며 백성을 돌보는 정부의 통치를 갈망하는 식의 것이었다. '하나님 나라'는 세상과 관련하여 새로운 사실을 일러주었다. 즉 '오는 시대'가 '현 시대' 속으로 뚫고 들어와, 저 멀리 형체도 없는 '하늘'이 아니라 바로 여기 이 땅에서 새 세계를 열리라는 것이었다. 하나님은 이 땅에서도 당신이 그 창조주이심을 늘 주장하셨지만, 언젠가는 다시 당신이 이곳의 주(主)이심을 주장하실 것이다.

초기 그리스도인들은 이 새 세대가 예수님과 더불어 확실하게 시작되었다고 믿었다. 하나님 나라는 예수님이 계신 곳에 실제로 있었다. "내가 만일 하나님의 손으로 귀신들을 몰아내면 하나님 나라가 너희에게 임하느니라"(눅 11:20). 예수님의 죽음과 부활은 자신이 몸소 제자들에게 가르치셨던 기도에 답하여 이 나라를 여는 일을 완성하신 것이었다. 부활하신 예수님은 마태복음 28:18에서 이렇게 말씀하셨다. **"하늘과 땅의 모든 권세가 내게 주어졌다."** 신약 성경이 하나님 나라에 대해 시종일관 강조하는 것은, 이 나라가 하나님이 장차 '하늘'뿐 아니라 '땅'에서도 이루고자 하시는 실체라는 것이다.

우리는 이것을 요한계시록에서도 똑같이 볼 수 있다. 요한계시록

4장을 보면, 계시를 보는 자 요한이 부르심을 받고 하늘로 올라가 이후에 일어날 일들을 본다. 이때 그가 들여다보는 '하늘'은 미래의 광경이 아니라 **현재** 하늘에서 펼쳐지는 현실이며, 미래의 광경은 이 현실 속에 주어진다. [사람들은 이를 종종 오해한다. 이런 오해를 제외하면 훌륭하기 그지없는 찰스 웨슬리의 찬송 "하나님의 크신 사랑"(Love Divine, all loves excelling, 1983년에 한국찬송가공회에서 펴낸 찬송가 55장—역주)도 그 예다. 웨슬리는 장로들이 자신의 금관을 보좌 앞에 내려놓는 광경을 담은 요한계시록 4장이 '우리가 하늘에서 우리 자리에 앉을 때'인 궁극의 미래에 벌어질 광경이라고 추측한다.] 그러나 궁극의 미래는, 요한계시록 21장과 22장이 분명하게 밝혀 주듯이, '땅'을 떠나 '하늘'로 올라간 사람들 이야기가 아니다. 그것은 하늘에서 땅으로 내려온 '하늘'의 삶, 더 상세히 말하면 새 예루살렘의 삶을 일컫는 것이다. 이것이 바로 주기도에 실린 내용이다. '하나님 나라'를 땅에 있는 실체가 아니라 하늘에 있는 실체로 만들어 버리면 신약 성경이 말하는 요점 하나를 놓치는 것이다. 나는 우리가 전례로 교회력을 지킬 때, 공현절과 수난 금요일 사이에 자리를 하나 만들어 예수님이 여기 이 땅에서 이 하나님 나라를 시작하신 일을 온전히 기념하고, 마지막에 땅과 하늘이 하나가 되며 새로워질 날을 앙망할 수 있게 했으면, 하고 바란다.

그러나 지금 성공회와 다른 몇몇 주류 교회에서는 전혀 다른 것을 새로 만들어 내고 있다. 그로 인해 신약 성경을 진지하게 읽는 이들이 오랫동안 버려 두었던 '하나님 나라'의 의미가 다시 수면 위로 등장했고, 교회력 전체가 일그러지고 있다. 근래 11월에 있는 주일을 모두 '왕국절'로 보아야 한다는 제안이 나왔다. 말하자면 그 기간을 우리가 '하늘'을 생각하며 미래의 소망을 생각하는 절기로 삼아야 한다는 것이다. 여기서 '하늘'은 어떤 이들이 이미 편히 쉬고 있는 고향이요(「그의 영광의 약속」이 말하듯이, 그들은 아마도 '위대한 이들'일 것이다), 또 우리가 언젠가는 그들과 만나 함께 살기를 소망하는 곳이다. 다른 점에서는 그지없이 훌륭한 매일 기도서인 「교회력에 따른 성공회 기도서」[8] 안에도 이런 새로운 시도가 담겨 있다. 이 기도서는 교회력을 일곱으로 나눈다. 대림절, 성탄절, 공현절, 사순절, 부활절, 오순절 그리고 '왕국절.' 이 기도서는 교회력에 일곱 번째 절기를 넣음으로써 절기의 수와 한 주간을 이루는 7일을 일치시키고 이를 통해 전례 구조를 풍성하면서도 깔끔하게 바꿀 수 있도록 해 놓았다. 하지만 나는 이렇게 새 '절기'를 만들어 낸 밑바닥에 더 깊고 그릇된 전제들이 깔려 있다고 본다. 「교회력에 따른 성공회 기도서」 최신판에서 '왕국절'이라는 말을 빼고 더 장황하게 '대림절로 나아가는 모든 성도'(All Saints to Advent)라고 쓴 것도 어쩌면 그런 이유에서일지 모른다. 말은 바꾸었지만 내용은 바꾸지 않고 그대로 두었다.

'나라'(왕국)라는 말을 이런 맥락으로 잘못 사용한 것은 비통한 일이다. 우리는 "이 지나가는 시대의 어둠 속에서, 성도들이 누리는 당신 나라의 영광이 우리 여정의 발걸음을 둘러 지키게 하소서"라고 기도한다(「교회력에 따른 성공회 기도서」, p. 159). 물론 기도에도 흠 없이 옳은 점이 있다(내가 앞서 요약했던 성도의 교제가 그렇다). 그러나 이 점을 강조하려고 '나라'라는 말을 쓴 것은 당장 몇 가지 문제에 혼란을 일으키고 이 문제들을 왜곡한다. 이는 성경의 핵심 용어인 '나라'에 관한 해묵은 오해를 그대로 답습한 것이다. 이는 세상을 떠난 그리스도인 가운데 오직 일부(제한된 의미의 '성도')만이 그 '나라'에 있다고 암시한다. 이는 마지막 부활 혹은 장차 하늘과 땅이 새로워질 여지를 남겨 두지 않는 것 같다. 이는 하나님을 땅에는 없고 오로지 하늘에만 있는 '나라'를 주관하시는 분으로 만든다(이는 예수님이 우리에게 가르쳐 주신 기도와 마지막으로 우리에게 주신 사명에서 주장하신 내용과 다르다).

특히 이 소위 '왕국절'은 대림절을 철저히 약하게 만든다. 물론 그것이 목적이었을 수도 있다. 몇몇 주류 교회에서는 죽음, 심판, 하늘, 지옥과 관련된 대림절의 굳건한 전통적 가르침을 냉랭하게 제시했다. 그러나 새로운 성서정과들은 사람에 초점을 맞춘다. 세례 요한에게 초점을 맞추고 (교회 전례력에서 이때 처음 등장하거나 유일하게 등장하는 것은 아니지만) 마리아에게 초점을 맞춘다. 더 특별한 것은 '왕국절'이 **교회력의 이야기를 해체한다**는 것이다. 내가 말했듯이, 많은 그리스도인은 이런 이야기 안에서 살아가며 기독교의 위대한 내러티브를 심오하게 깨닫고 섭취한다. 이야기를 조각내 버리면 그 줄거리를 잃게 된다. 대림절이 지닌 의미에는 이 대림절이 교회력이 겹치는 지점이라는 것도 있다. 예수님이 오신 성탄절을 준비한다는 것은 그분이 영광 가운데 다시 오실 것을 준비함과 겹친다. '대림절 이전 주일들(즉, 성탄절 전 주일들 전 주일들)을 따로 떼어 절기로 만든다면', 이는 대림절을 찢어 버리는 셈이다. 우리는 풍성하게 조화를 이룬 대림절 메시지 대신, 만성절과 만령절을 뒤죽박죽 섞어 놓았다. 또 적어도 영국에서는 영연방 전몰자 추념일을 우연히도 마침 이 무렵에 지킨다(11월 둘째 주일인데, 제1차 세계대전 종전을 기념하는 11월 11일에 가장 가까운 주일인 것이 보통이다). 뒤이어 형편없는 생각으로 만들어 낸 '왕이신 그리스도 축일'(Feast of Christ the King)을 지킨다. 이 축일은 곧이어 다루겠다. 이것은 '삼위일체 주일 뒤'에 오는 마지막 '주일들'이었던 날들에 단지 새 이름을 붙인 것이 아니다. 이것은 옛 교회력이 따른 종말론의 가르침, 곧 육신이 되신 성자가 오심은 하늘은 물론이요 땅에도 임하는 그 나라를 미리 보여 주는 예표라고 가르쳤던 종말론을 다른 것으로 바꿔 놓은 처사다. 이 새 교회력은 대신 아주 다른 종말론을 심어 놓았다. 즉, '성도'들은 우리보다 앞서 '하늘'이라는 '나라'로 들어갔으며, 우리도 결국에는 그곳에서 그들과 만나기를 소망한다. 이것은 신약 성경이 결코 가르치지 **않는** 것이다. 또 대림절 앞 주일들이 그리스도가 땅과 하늘에서 통치하심을 반영하도록 새 구조를 바꾼다 할지라도[9], 이 모든 것은 대림절 자체의 중심 메시지를 헛되이 예견하면서 예수 승천일을 중복하여 축하하는 꼴이 되고 만다.

이 문제는 특히 대림절 전 마지막 주일에 두드러지는데, 이제 이 문제를 다루어 보겠다.

왕이신 그리스도?

이 새 '절기'를 만든 것과 대림절 전 마지막 주일을 새 '축일', 즉 소위 '왕이신 그리스도 축일'로 삼은 것은 거의 우연의 일치였다. 새 축일에 잘못이 있는 것은 아니다. 다만 교회력이 좀 복잡해져서 이제는 좀 지혜롭게 정리를 해야 할 것 같다. 누군가가 이 축일을 지키자고 제안할 때, 나는 이 축일이 로마에서 시작되었다는 이유로 반대하지는 않는다. 이 축일이 로마에서 시작된 것은 우연일 뿐이다. 오히려 내가 반대하는 이유는 이 특별한 새 축일이, 그것이 한 부분을 이루고 있는 새 '절기'(왕국절을 말한다—역주)처럼 철저히 잘못이기 때문이다. 이 축일은 처음부터 끝까지 단추를 잘못 눌렀다. 이 덕분에 교회력이 완전히 망가져 버렸다. 다시 말하지만, 넘침은 모자람만 못하다.

대림절 직전 주일은 예로부터 사람들이 널리 아는 이름을 갖고 있다. '휘젓기 주일'(Stir-up Sunday, 대림절 바로 전 주일부터 성탄절 케이크를 만드는데, 마른 과일과 브랜디 같은 것을 넣고 수시로 잘 저어 케이크가 숙성이 잘 되게 한다고 한다-역주). 이 이름은 옛 기도, 그러니까 이 날을 염두에 두고 정한 짧은 기도(Collect)에서 나왔다. 그 기도는 이렇게 시작했다. "오, 주여, 당신께 간구하오니, 당신의 신실한 백성들의 뜻을 휘저어 주소서." 이 기도는 수많은 아내들, 더 나아가 남편들을 집으로 돌려보내 한 달 뒤에 먹을 성탄절 케이크와 푸딩을 만들게 했다. '휘젓기 주일'은 삼위일체 주일 이후 마지막 주일로서, 5월이나 6월에 시작된 긴 절기의 마지막이었다. 그 주일에 읽는 본문은 대림절 당일에 있을 일들을 암시해 줄 뿐이었다.

「새 예배서」(*The Alternative Service Book*, 1980)는 이전과 아주 다른 체계를 성공회에 도입했다. '대림절 전 주일'이 다섯이 되었고, 이 주일들에는 시종일관 구약 성경을 읽었으며, 마지막 주일에는 그리스도가 오실 것을 내다보았던 선지자들의 글을 읽으며 구약 성경 읽기를 마쳤다. 보통 성공회 성찬에 참여하는 이들이 1년 중 나머지 기간에는 구약 본문을 거의 듣지 못하는 것을 생각하면, 그렇게 구약 본문을 읽는 것도 나름 장점이 있었다. 그러나 그 새 절기는 이미 그때부터 대림절 자체의 주제, 곧 메시아의 오심을 준비한다는 주제에서, 특히 예로부터 대림절 기간 두 번째 주일에 지켜 온 '성경 주일'에서 주제를 빌려 오기 시작했다.

한편, 로마가톨릭교회는 1970년에 '왕이신 그리스도 축일'을 대림절 전 마지막 주일로 옮겼다. 이 '축일' 자체는 근래인 1925년에 만들었다. 당시 교황 비오 11세(Pius XI)는 현 시대에 교회가 사회에서 감당해야 할 책임을 강조하는 방편으로 이 축일을 시작하면서, 세계 평화를 위해 일할 것을 교회에 촉구했다. 우리가 앞으로 보겠지만, 이 고결한 목표는 이 축일을 새로운 날로 옮기면서 힘을 잃었다. 이 축일은 본디 10월 마지막 주일이었으며, 교회력 순서에서 아무런 의미를 차지하지 않았다. 그러나 이 축일을 대림절 전 마지막 주일로 옮기고 나자, 일부 성공회 신자들이 로마가톨릭의 이 새 관습을 베끼기 시작했다. 1990년에 성공회 전례 개정자들은 새 축일을 마땅히 교회력에 들어가는 날로 만들기 시작했다. 이 일은 2000년 11월에 새 기도서인 「성공회 기도서」(*Common Worship*)가 출간되면서 공식적으로 이루어졌다. 「성공회 기도서」에 많은 비판이 쏟아졌다. 나는 이 기도서가 더 심각하면서도 주목은 더 받지 못한 것 중 하나라고 생각한다.

이 모든 것이 얼마나 중요할 수 있는지를 살펴보려면, 어떤 이야기의 결말을 달리하는 데 따라 이야기 전체의 의미도 달라진다는 것을 생각해 보면 된다. 얼마 전 한 라디오에서 나온 광고가 있다.

광고한 품목은 기억이 나지 않는다. 그 광고는 신데렐라 이야기를 각색한 내용으로 구성되어 있었다. 왕자는 신데렐라를 찾으러 나서기 전에 먼저 못생긴 두 자매에게 구두를 내민다. 첫째는 그 구두를 신어 보려 했으나 우리 예상대로 맞지 않았다. 그런데 못생긴 둘째가 신어 보는데, 글쎄, 그 구두가 딱 맞는다! 왕자는 졸도해 버린다. 그 이유는 왕자가 제대로 된 휴대전화를 사용하지 않았기 때문이던가, 아니면 분말 세제를 사용하지 않았기 때문이던가. 아무튼 내용은 그런 것이었다. 여러분도 더 진지한 이야기를 가지고 같은 놀이를 해 볼 수 있다. 「햄릿」을 새롭게 만들어 낸다고 상상해 보라. 햄릿이 악한 왕을 기꺼이 죽이고 오필리아를 구해 내어(결국 익사하지 않는다) 그녀와 혼인한 뒤 스스로 왕이 되어 그 뒤로 영원히 행복하게 산다고 상상해 보라.

'왕이신 그리스도 축일'은 꼼꼼하게 맞춰 놓은 교회력 이야기에 신데렐라나 햄릿을 각색하여 새로운 이야기를 만들어 내는 것과 같은 일을 한 것이다. 이 새 축일은 그 배경에 숨겨 놓은 이야기를 잘못된 지점에서 잘못된 주제로 마무리한다. 그 바람에 이야기 전체의 내러티브 문법이 엉망이 되고 말았다. 이 축일은 예수 그리스도가 오랜 과정을 거쳐 결국 그 과정 마지막에, 그 이야기의 말미에 왕이 되셨다고 암시한다.

이는 적어도 세 가지 점에서 철저히 잘못되었다. 첫째, 우리에게는 이미 '왕이신 그리스도의 축일'이 있다. 우리는 그날을 예수 승천일이라고 부르며, 부활절 뒤 40일째 되는 날이다. 이 날은 제자들이 부활하신 주 예수님이 이제 온 세상을 다스리시는 참된 왕이심을 깨달은 날을 기념한다. 누가가 들려주는 예수 승천 이야기의 줄거리를 보면서 우리는 예수님과 로마 황제들을 비교해 보고 싶어진다. 당시 사람들은 로마 황제들이 하늘로 올라가 신이 되었다고 믿었다. 그러나 이제는 카이사르가 아니라 예수님이 세상의 참된 주님이시다. 그의 나라는 이미 시작되었다. 그는 사망을 물리치셨다. 사망은 폭군과 악당들의 마지막 무기다. 따라서 예수님은 새로운 나라, 곧 이 세상**에서 유래한** 나라가 아니라 이 세상**에 임할** 나라라고 강조하셨던 나라를 탄생시키셨다. 부활절과 예수 승천일은 모두 예수님을 메시아요 왕이요 온 세상의 주로 옹립하는 날이다.

교회의 선교는 이를 전제로 한다. 세상으로 나아가 예수가 주님이심을 선포하는 것은 그분이 이미 통치하고 계실 때에만 의미가 있지, 교회가 그저 어쩌면 유구한 교회사가 막을 내리는 먼 미래의 어느 시점에 그분이 통치하실지도 모른다는 식으로 주장할 경우(교회력을 기준으로 살펴보면 삼위일체 절기가 이런 내용을 주장할 때)에는 아무런 의미가 없다. 그러나 우리가 '왕이신 그리스도 축일'을 대림절 전 마지막 주일로 잡으면, 우리는 바로 그런 내용을 암시하게 되고 만다. 우리는 예수 승천일을 두 번이나 축하할 수 없다. 만일 두 번 축하한다면, 원래 예수 승천일은 예수 승천을 축하하는 의미가 아니었다는 말이 되고 만다.

사람들은 (기독교 초창기 사람들처럼) 이렇게 말한다. "그래, 그렇기는 한데, 창밖을 보세요. 신문을 보세요. 누가 봐도 그리스도가 아직도 세상을 완전히 통치하지 않으신다는 것을 알 수 있잖아요. 악은 지금도 넘쳐나요. 하나님 나라는 아직 오지 않았다고요." 그렇다. 맞는 말이지만 동시에 그른 말이기도 하다. 우리도 그렇지만 바울도 악이 여전히 아주 강력함을 알았다. 그는 서신 절반을 옥중에서 썼다. 그러나 그는 잠시도 예수님이 이미 참된 왕이시며 세상의 참된 주님이시라는 주장을 바꾸지 않는다. 요한도 우리처럼 이 모든 것을 알았다. 그는 예수님이 빌라도 앞에 서신 놀라운 장면—아니 빌라도가 예수님 앞에 섰다고 말해야 할 것 같다—을 묘사할 때, 이미 빌라도의 우두머리인 카이사르가 교회를 핍박하고 계속 핍박하리라는 것을 잘 알고 있었다. 그런데도 요한은 예수님을 유대인의 왕이요 온 세상의 진정한 왕으로 등장시켰다(요 18:33-19:16).

예수님이 이미 통치하신다는 믿음은 처음부터 기독교 안에 들어와 그 일부가 되었다. 우리는 과학이 제시하는 증거에도 굽히지 않고 하나님을 믿는 것이 기독교가 당면한 난제라고 생각하게 되었지만, 이는 핵심을 잘못 짚은 것이다. 진짜 문제는 이 땅의 통치자들과 체제들과 철학들이 내세우는 주장에 굴복하지 않고 예수님을 주로 섬기는 것이다. 퀴리오스 예수스(*Kyrios Iesous*), 즉 '예수는 주님이시다'라는 말은 최초의 기독교 신앙고백이었으며, 여러분이 세례를 받기 전에 해야 하는 신앙고백이다. 예수님이 주님이시라고 고백하는 것은 무엇보다 카이사르는 주가 아니라는 고백이었다. 이는 처음부터 기독교의 근간이요 바탕이었다. 예수 승천일부터 기독교의 근간이었다고 말해도 무방하리라. 예수님이 주님이심은 세상 마지막 날까지 기다려야 하는 것이 아니다. 그리스도인으로 산다는 것은, 도통 예수님이 주님이신 것처럼 보이지 않는 세상에서 늘 주권자이신 예수님이 주님이심을 믿는 믿음으로 살아간다는 것이다. 그것이 이 논의에서 첫 번째로 파악해야 하는 핵심이다.

두 번째 핵심은 이것이다. 근래 새로 만든 두 가지―'왕국절'이 하나요, 다른 하나는 '왕이신 그리스도 축일'이다―는 그리스도가 통치하시는 진짜 '나라'가 '하늘'에 있고 이 땅에는 존재하지 않는다는, 심히 그릇되고 성경에 부합하지 않는 견해를 조장한다. 우리가 앞에서 봤듯이, 교황 비오 11세가 처음 그 축일을 만들 때 품었던 생각이 그것이었다. 물론 새 축일을 둘러싼 해석들이, 그리고 새 축일을 대림절 직전으로 정한 것을 두고 나온 해석들이 모두 그런 식으로 이해하지는 않는다. 그러나 많은 그리스도인이 지금도 '하나님 나라'를 말하면 땅이 아니라 하늘을 생각하는 상황에서 이런 실수를 저지를 것은 불 보듯 뻔하다.

세 번째 핵심은 그 이야기의 올바른 결말과 이 새 축일이 그 결말을 왜곡하는 방식이다. 그리스도인이 품고 있는 미래의 소망은 대림절이 표현하는 소망이다. 마침내 예수님이 오실 때, 곧 그분이 재림하실 때, 그분은 이미 자신의 것이 된 주의 지위를 온 우주에 정당히 행사하실 것이다. 그러나 이 대림절의 소망, 곧 이 재림이 안겨 주는 소망은 단순히 교회가 꾸준히 일함으로써, 길고 느린 과정이 결국 절정에 이름으로써 이루어질 것이 아니다. 이 대림절이 소망하는 것은 새 은혜의 행위요 새 창조 행위로서, 십자가에서 이루어진 일과 부활과 승천의 완성이요, 그것을 넘어 온 우주를 다시 만드는 일일 것이다. 교회력을 살펴보면, 로마가톨릭은 이를 6세기부터 1970년까지, 성공회는 1990년대 말까지 바꾸지 않고 그대로 유지했다. 우리가 이미 보았듯이, 그 교회력은 대림절 자체를 성탄절을 준비하는 기간이자 예수님의 재림, 곧 그분이 마지막으로 다시 나타나시는 것을 준비하는 기간으로 지켰다. 대림절(길기는 하지만, 이전 전통은 현재 네 주일을 지키는 우리보다 더 길게 다섯 주일 이상을 대림절로 지켰다)은 기독교 이야기에서 겹치는 지점이다. 기독교는 시간이 원을 그리며 돌고 돈다고 말하지 않고 하나님이 지으실 새 세계를 향해 전진해 간다고 말한다. 교회가 대림절에 늘 부르는 위대한 찬송 절반—"대속하신 구주께서"(Lo, he comes with clouds descending, 한국찬송가공회가 1983년에 펴낸 찬송가 161장—역주), "곧 오소서, 임마누엘"(O come, O come, Emmanuel) 등—은 대림절이 지니는 의미를 그렇게 볼 때만 의미가 있다. '왕이신 그리스도 축일'이 그리스도가 **마지막에 이르러** 왕이 되심을 가리키는 것이라면, 우리가 대림절 전 주일에 그 축일을 지키고 이어 네 주를 **또 대림절을 준비하며 보낸**다는 것은 앞뒤가 맞지 않는다. 그것은 마치 크리스마스 푸딩을 먼저 먹고 난 뒤에 그 푸딩을 젓는다는 말과 같은 것이다.

기독교 진리가 원칙상 여러분이 마음대로 끄집어내어 내키는 대로 재배열할 수 있는 교리와 개념들을 모아 놓은 헝겊 주머니에 불과하다면 방금 말한 내용이 전혀 문제가 되지 않을 것이다. 그러나 기독교 진리는 그런 것이 아니다. 그 진리는 이야기다. 하나님과 세상, 하나님과 예수님, 하나님과 여러분과 나를 다룬 이야기다. 우리는 이 이야기를 어떻게 배우는가? 우리는 이 이야기를 어떻게 우리 것으로 만드는가?

몇 쪽 앞에서 내가 말한 내용으로 돌아가 보겠다. 여러분이 여러분의 몸으로, 여러분이 겉으로 표현하는 행동과 습관으로 들려주는 이야기는 여러분이 마음으로 익힌 이야기다. 교회력은, 우리가 신실하게 따른다면, 우리가 우리 몸으로 들려주는 이야기가 된다. 우리가 금식하고 잔치하며, 성탄절에 무릎 꿇고 경배하며, 예수님을 따라 광야로 나가며, 종려 주일에 호산나를 부르며, 마지막 만찬 때 예수님과 함께 앉아 식사하며, 그분을 따라 갈보리로 가며, 빈 무덤을 보고 기뻐 노래하는 것 등이 다 우리 몸으로 들려주는 이야기가 된다. 이것이 예수님 안에서 절정에 이르고 사랑 안에서 우리와 온 세상으로 뻗어 나가는 하나님과 세상 이야기를 우리 생각과 체험 속에 현실로 만들어 온 유구한 방식이다. 우리가 보았듯이, 이 이야기는 예수 그리스도가 왕이심을 과거에 성취된 일이자 현재의 사실로 분명하게 들려준다. 또 이 이야기는 새 창조라는 하나님의 마지막 행위가 지금도 미래의 소망으로 남아 있다고 말한다. 그것이 우리가 교회력이라는 위대한 질서를 통해 들려주는 이야기다. '왕이신 그리스도 축일'을 대림절 전 주일로, 특히 '왕국절'의 절정으로 정하는 것은 이 내러티브를 엉망으로 헝클어뜨릴 뿐이다. 그것은 예수 승천일부터 그리스도의 나라가 존속한다는 것을 의심하는 것이다. 그것은 그리스도가 단지 하늘에서나 왕이시지 이 땅에서는 왕이 아니실 수도 있다는 것을 암시한다. 그것은 대림절 자체가 우리 앞에 놓아둔 소망을 하찮게 여기는 일이다. 풍성한 진짜 이야기를 일그러뜨리기보다 하루라도 빨리 그 이야기로 되돌아가는 것이 낫다.

5장

결론

우리는 '그들은 지금 어디에 있는가?'라는 물음으로 이 책을 시작했다. 나는 신약 성경이 예수님의 죽음과 부활과 그분의 영이라는 선물에 근거하여 제시하는, 견고하고 확실하며 중심이 되는 소망이라 여기는 것을 명확히 서술하려고 노력했다. 그 소망 덕분에 그리스도 안에 있는 하나님의 모든 백성은, 만물이 새로워지고 하늘과 땅이 마침내 하나 되며 우리가 새 몸을 받아 하나님이 새로 창조하신 세계 안에서 살고 사랑하고 송축하고 다스리는 그날이 올 때까지, 영광스러운 안식 가운데 그리스도와 함께 거하리라고 확신한다. 나는 현재 우리가 지키는 몇몇 관습이 우리 눈을 아주 엉뚱한 방향으로 인도하고 있으며, 그 때문에 이런 관습은 가능한 한 빨리 버려야 한다고 주장했다.

결론에서는 느슨해진 매듭을 묶는 식으로 제기해 볼 세 가지 문제가 있다. (관련 주제를 다룬 내 다른 저작들에서 이런 문제를 더 많이 다루었다.)

'영혼'은 어떻게 된 것인가?

예리한 독자라면 내가 '영혼'(soul)이라는 단어를 거의 피해 왔음을 간파할 것이다. 이런 책에서는 이 단어가 두드러진 역할을 하리라고 짐작하는 이들이 많을 것이다. 솔직히 말해 이 단어는 도움이 되는 동시에 도움이 되지 않는다.

우리가 이 단어를 쓰면, 많은 독자는 내가 모든 사람이 이미 불멸하는 영혼을 지니고 이 세상에 온 것으로 믿는다는 인상을 받을 것이다. 불멸은 하나님이 그리스도 안에서 주신 선물이지, 인간이 본디 지닌 능력이 아니다(딤전 6:16을 보라). 그리스도인은 종종 '영혼'을 하나님이 시간과 공간과 물질의 관점에서 표현할 수 없는 방식으로 나 자신에게 말을 거시고, 도전을 던지시고, 사랑을 베풀어 주시는 사실을 가리킬 때 느슨하게 사용한다. 이처럼 '영혼'을 '하나님의 임재 안에 있는 내 존재'를 가리키는 방식으로 사용하는 것은 순전히 편의적(heuristic)이다. 우리가 '영혼'을 그런 식으로 사용한다 하여, 그것이 곧 '영혼'이라 불리는 특별한 '것'이 있다거나, 혹은 우리가 그런 실재를 다루는 특별한 이론(이를테면 플라톤이 주장하는 이론)에 동의한다고 암시하는 것은 아니다.

가끔은, 솔로몬의 지혜서 3장이나 요한계시록 6장처럼, '영혼'을 말하는 것이 몸은 연속성을 갖지 못하나 인격체는 연속성을 가짐을 표현하는 유용한 방법이 될 수도 있다. 그러나 그런 점을 강조하는 또 다른 방법들이 있다. 나는 케임브리지의 위대한 물리학자요 신학자인 존 폴킹혼(John Polkinghorne)이 자신이 해야 할 말을 이 시대 방식으로 말한 것을 기억한다. 하나님은 우리에게 우리 자신의 소프트웨어를 재차 가동할 새 하드웨어를 주시는 날이 올 때까지 우리 소프트웨어를 자신의 하드웨어에 다운로드하실 것이다.

나는 그 이미지가 마음에 든다. 그 이미지는 신약 성경이 모호하게 남겨둔 것, 곧 몸의 죽음과 몸의 부활 사이에 존재하는 것은 정확히 '무엇인가'라는 문제를 모호하게 남겨둔다. 원한다면 여러분은 폴 킹혼이 쓴 이미지를 따라 하나님의 백성으로 죽은 이들은 하나님이 그 생명을 유지시켜 주신다고 간단하게 말할 수 있을 것이다. 그것과 "떠나서 그리스도와 함께 있는 것"이라는 바울의 말을 결합시켜 보라. 그것이 여러분이 신약 성경에서 최대한 멀리 나아갈 수 있는 가르침이다.

죽은 자들을 위해 기도하고 그들과 함께 기도한다?

개신교 신학자들이 죽은 자를 위해 올리는 기도에 반대한 주된 이유는 연옥 때문이다. 그들은 더 이상 연옥을 믿지 않았다. 따라서 그들은 사람들이 그곳에서 풀려나도록 기도할 필요가 없었다. 둘째, 죽은 자를 위해 기도하는 것은 신약 성경이 제시하는 견고한 복음의 약속에 근거한 구원 보증 교리를 뿌리부터 뒤흔드는 것처럼 보였을 수도 있다. 예수님은 이렇게 말씀하셨다. "누구든지 내게 오는 자는 내가 결코 내버리지 아니하리라"(요 6:37을 보라—역주). 만일 세상을 떠난 우리 애달픈 친구나 배우자 누구라도 정녕 예수를 믿었다면, 우리는 종국에 이르러 예수님이 그들을 확실히 보존해 주시도록 염려하며 기도할 필요가 없을 것이다.

그러나 그렇게 기도하는 데는 누군가의 특별한 상태를 염려하는 것 이외에도 다른 많은 이유가 있다. 참된 기도는 사랑이 넘쳐흐르는 것이다. 만일 내가 누군가를 사랑한다면, 나는 그들을 위해 기도하고 싶을 것이다. 이는 꼭 그들이 어려운 형편에 처해서도 아니고, 내가 아는 특별한 필요가 있어서도 아니다. 다만 하나님의 임재 앞에 그들을 품고 올려드리는 것이 가장 자연스럽고 적절한 일이기 때문이요, 어떤 유익이든 우리가 다른 사람의 유익을 위해 올리는 기도를 통해 하나님이 역사하신다고 내가 믿기 때문이다. 사랑은 죽음의 자리에서도 그치지 않는다. 그친다면 그것은 심히 빈곤한 사랑일 뿐이다! 사실, 비통은 사랑하는 대상을 잃었을 때 사랑이 대개 취하는 형태라고 정의할 수 있을 것이다. 그것은 빈 공간을 부둥켜안은 사랑이요, 희미한 공기에 입맞추는 사랑이며, 부재가 주는 고통을 느끼는 사랑이다. 그러나 사랑이 기도로 사랑하는 사람을 하나님 앞에 놓아 두는 관행을 그만둘 이유가 없다.

여러 해 전 성공회 총회는 죽은 자를 위한 기도 문제를 논의했다. 그때 당대 교회의 원로이자 가장 존경받는 평신도 중 한 사람이며 복음주의 개신교 지도자로 알려져 있던 노먼 앤더슨(Sir Norman Anderson) 교수가 일어나서 말했다. 여러분은 그가 전통 노선을 취해, 죽은 자를 위한 기도는 말도 안 되는 일이라고 부인하면서 그런 기도는 확신이 없거나 연옥을 믿기에 하는 거라고 지적했으리라 짐작할지 모르겠다. 그러나 노먼 경과 그의 아내에게는 사랑하는 세 자녀, 곧 아들 하나(남달리 명민했다)와 딸 둘이 있었다. 그 셋은 모두 성년이 되고 얼마 지나지 않아 세상을 떠났다. 그는 이런 일을 겪으면서 죽은 자를 위해 올리는 기도가 오로지 기도로 사랑하는 자녀들을 계속 하나님 앞에 놓아 두려는 일임을 깨달았다. 그가 그렇게 기도하는 것은 그들을 연옥에서 끌어내리는 것도 아니요, 그 자녀들이 마지막 날에 구원을 얻으리라는 것을 확신하지 못하기 때문도 아니었다. 그것은 다만 그가 그 자녀들을 두고 하나님께 아뢰면서, 그 자녀들을 향한 자신의 사랑을 하나님, 곧 그들을 그에게 주셨고 설명할 수 없는 이유로 다시 데려가신 그분과 공유하려 했기 때문이다. 나는 그가 한 말을 읽으면서, 그의 고결한 생각과 마음이 얼마나 존경스러운지를 그리고 그가 한 말이 신학적으로도 매우 합당하다는 것을 깨달았다. 기도를 남용하여 올바른 형태를 일그러뜨린 유형들만 제거한다면, 기도하는 사람이 지금 그리스도와 함께 있어, '훨씬 더 좋은 일을 누린다 하여' 그를 위한 기도를 멈춰야 할 이유는 없다. 단순히 그 사실을 축하하기 위한 기도인데, 안 된다고 할 이유가 있는가?

평안히 쉬며 영광 가운데 부활함

나는 전례와 관련하여 사소한 제안을 하나 내놓으면서 이 책을 마치려 한다. 이 제안은 죽은 자를 위한 기도와 직접 관련이 있다. 죽은 자를 언급하는 많은 예배 정황을 살펴보면, 그들이 '평안히 쉬기'를 기도한다. 때로는 예배 말미에 마침 기도를 올리고 난 뒤 집례 사제가 이렇게 말하기도 한다. "또 별세한 신실한 이들의 영혼이 평안히 쉬게 하소서." 사람들은 '영혼'의 '안식'이 신약 성경이 말하는 마지막 상태가 아니라는 사실을 다시금 떠올릴 때면, 가끔씩 "영광 가운데 부활하게 하소서"라는 간구를 덧붙이기도 한다. 이런 간구는 아름답게 들린다. 나 자신도 이 기도를 종종 사용했으며, 다른 사람에게 이런 식으로 설명하기도 했다.

그러나 이것 역시 다소 잘못된 점이 있다. 우리가 몸의 부활을 믿는다면, 부활하는 순간 편히 쉬고 있는 것은 특히 혹은 오로지 '영혼'이 아니라 몸이다. '평안히 쉬다'라는 말을 묘비나 기념비에 새기는 것은 영혼만이 아니라 몸을, 실은 한 인격체 전체를 가리킨다. 적어도 근래까지 사람들은 그렇게 받아들여 왔다. 물론 이보다 훨씬 더 중요한 것은, 부활이 영혼의 부활이 아니라 몸의 부활, 한 인격체 전체의 부활이라는 것이다. 따라서 "별세한 신실한 이들의 영혼이 평안히 쉬고 영광 가운데 부활하게 하소서"라고 하는 것은 아주 해괴한 기도요, 신약 성경이 우리에게 소망하고 실천하도록 재삼재사 당부하는 것과 모순되는 것을 간구하는 기도다.

다행히도 해결책은 아주 간단하다. '…의 영혼'이라는 말만 빼 버리면 된다. 그러면 이 문장은 아주 훌륭하고 온전하며 성경이 말하는 의미와 일치하는 기도가 되어, 정녕 우리가 사랑하지만 더 이상 볼 수 없는 이들을 위해 올리는 기도의 모범이 될 것이다. 이 문장이 너무 짧아 보인다면, 다음과 같이 문구를 추가하여, 현세는 물론이요 무덤 저편에서도 우리가 가진 모든 좋은 것이 하나님이 자비로 주신 선물임을 나타낼 수 있다. "별세한 신실한 자들이 하나님의 자비로 말미암아 평안히 쉬고 영광 가운데 부활하게 하소서." 아멘. 사랑하는 이들을 우리를 사랑하시는 창조주요 구속주이신 분의 안전하고 확실한 자비에 맡긴 우리에게, 정녕 평안과 위로가 있기를. 슬픔이 점차 잦아들기를, 아멘.

주

1) *The Mystery of Salvation* (Church House Publishing, 1996)
2) 「마침내 드러난 하나님 나라」(*Surprised by Hope*, SPCK, 2007, IVP 역간)를 가리킨다 — 역주.
3) ed. E. A. Livingstone, *Oxford Dictionary of the Christian Church*(3rd edn., 1997)
4) ed. A. Hastings, *Oxford Companion to Christian Thought* (2000)
5) 마태복음 25:14-30의 비유와 누가복음 19:11-27에 있는 비슷한 비유를 살펴보려면, 「예수와 하나님의 승리」(*Jesus and the Victory of God*, SPCK/Fortress Press, 1996), pp. 632-639를 보라. 크리스챤다이제스트 역간.
6) *The Promise of His Glory*(Church House Publishing and Mowbray, 1991)
7) *The Challenge of Jesus*(SPCK/InterVarsity Press, 2000), 「JESUS 코드: 역사적 예수의 도전」, 성서유니온선교회 역간.
8) *Celebrating Common Prayer*(Mowbray, 1992)
9) *Common Worship: Daily Prayer*(Church House Publishing, 2002, p. xv)

옮긴이 **박규태**는 고려대학교에서 법학을, 총신대 신대원에서 신학을 공부했고 지금은 교회 사역에서 물러나 번역에 전념하고 있다. 「기독교 그 위험한 사상의 역사」(국제제자훈련원), 「가난하게도 마옵시고 부하게도 마옵소서」(IVP), 「주 예수 그리스도」(새물결플러스) 등을 번역했다. 숨어 있는 옛 신학서나 인문서를 번역하여 소개하는 데 관심이 많다.

톰 라이트, 죽음 이후를 말하다

초판 발행_ 2013년 12월 10일
초판 5쇄_ 2023년 4월 20일

지은이_ 톰 라이트
옮긴이_ 박규태
펴낸이_ 정모세

펴낸곳_ 한국기독학생회출판부
등록번호_ 제2001-000198호(1978.6.1)
주소_ 04031 서울시 마포구 동교로 156-10
대표 전화_ (02)337-2257 팩스_ (02)337-2258
영업 전화_ (02)338-2282 팩스_ 080-915-1515
홈페이지_ http://www.ivp.co.kr 이메일_ ivp@ivp.co.kr
ISBN 978-89-328-1315-8

ⓒ 한국기독학생회출판부 2013

책값은 뒤표지에 있습니다.
무단 전재와 복제를 금합니다.